아·침·1·분·으·로·만·드·는·괜·찮·은·하·루

+1분

우울하고 헛되이 보내는 시간을 줄이고
행복하게 보내는 시간을 늘리는 비결

마쓰다 미히로 지음 | 안선주 옮김

아·침·1·분·으·로·만·드·는·괜·찮·은·하·루

+1분

미래타임즈

'오늘 하루를 어떻게 보내고 싶어?'

✛

잠에서 깨어나 오늘 하루를 어떻게 보내고 싶은지

스스로에게 물어본 적 있나요?

아마도 이 글을 읽고 있는 당신은 '없다'라고 대답할 겁니다.

'내가 나한테 그런 걸 묻는다고?'

이렇게 생각하며 질문 자체를 어색하게 여길 수도 있습니다.

그런데 이 질문 하나가 인생을 바꿀 수도 있습니다.

또 머릿속을 꽉 채운 뒤죽박죽 얽힌 감정과 버거운 과제,

신경 써야 할 일, 잊어버리면 안 되는 중요한 일을

깔끔하게 정리할 수 있습니다.

'아침에 일어나 나 자신에게 질문하기'

✛

1분도 걸리지 않는 단순한 행동이

시간의 기적을 일으켜

인생을 더 나은 방향으로 이끄는 기회를 주었습니다.

시간은 모든 인간에게 평등하게 주어진 유일한 것입니다.

저에게도, 깐깐한 상사에게도, 좋아하는 사람에게도,

그리고 여러분에게도

시간은 차등 없이 주어집니다.

그중에서도 '아침'은
하루를 여는 시작점입니다.

✛

아침을 어떻게 보내느냐에 따라

그날 하루가 결정됩니다.

아침은 그만큼 중요한 시간이라서

낮보다 몇 배나 빨리 지나가 버립니다.

그래서 아침 시간을 '의도적으로' 사용해야 합니다.

단 1분이라도 좋으니

자신과 마주하는 시간을 마련해 보세요.

그 시간이 만족스러운 하루로 이어져
최고의 인생을 만들어 나가는
한걸음이 되어 줄 테니까요.

✛

지금, 이 순간부터

어제와 같은 아침을 떠나보내세요.

내일 맞이할 아침이

이상적인 모습으로 그려 본

나의 '첫 아침'이기를 기대합니다.

'30가지 습관' 실천법

▷ 전부 실천하지 않아도 된다.

▷ 매일 실천하지 않아도 된다.

▷ '내일 아침에는 해 볼까' 정도의

마음가짐으로 실천해도 된다.

'생산성 시트' 활용법

▷ 쓰고 싶을 때만 쓴다.

▷ 10분 이내로 쓴다.

▷ 항상 보이는 곳에 둔다.

생산성 시트   20 년   월   일   요일

오늘 하루 가장 중요한 과제는?

1 □ _____

그다음으로 중요한 과제는?

2 □ _____

3 □ _____

My time

□ _____   □ _____

Think

□ _____   □ _____

□ _____   □ _____

Input

□ _____   □ _____

□ _____   □ _____

Action

□ _____   □ _____

□ _____   □ _____

□ _____   □ _____

□ _____   □ _____

■ 오늘 하지 않아도 되는 과제는?

□ _____   □ _____

● Contact List

□ _____   □ _____

□ _____   □ _____

어떤 하루가 되면 좋겠어?

◆
◆
◆
★

오늘 하루 기대되는 일은?

지금 신경 쓰이는 일은?

이루고 싶은 목표에 다가가기 위해
오늘 할 수 있는 일은?
WORK

MY LIFE

오늘 하루 좋았던 일은?

내일은 어떤 하루를 보내고 싶어?

오늘 하루 느낀 점은?

Memo&Self Question
기분이 어때?

생산성시트

생산성 시트를 다운로드하실 분은
QR코드를 스캔해 주세요.

아침이 힘겨운 모든 이에게

"안 일어날 거야? 나 먼저 가버린다!"

어려서부터 아침잠이 많았던 저는 함께 등교하자며 집 앞까지 온 친구에게 늘 핀잔을 들었습니다. 지각을 밥 먹듯이 하며 초등학교에 다니다 시간이 흘러 중학생이 되었지만, 여전히 아침에 눈 뜨기 힘들었습니다. 고등학생이 되어도 생활 습관은 달라지지 않았고, 1교시 수업 종이 끝날 때쯤 간신히 등교하는 불성실함이 습관처럼 굳어갔습니다.

이렇게 학창 시절을 보내서인지 '아침은 힘들다'라는 인식이 각인된 상태로 성인이 되었습니다. 대학생이 되어도 생활 습관은 달라지지 않았고, 문득 이런 생각이 들었습니다.

'사회인이 되어서도 지금처럼 아침에 못 일어나면 큰일인데. 직장에 다닌다고 해서 이런 생활습관이 변할까?"

같은 시간에 일어나 같은 시간에 전철을 타고 같은 시간에 출근하는 사회인의 역할을 과연 잘 해낼 수 있을지 스스로가 의심스러웠습니다. 보통 사람들이 당연하게 해내는 일들이 제겐 어렵기만 했습니다. 매일 지각하면 상사에게 꾸중을 들을 테고, 결국 회사에서 인정받지 못하는 사람이 될 것이 불 보듯 뻔했습니다.

이 사실을 깨달은 저는 회사원의 길을 접기로 했습니다. 그렇다고 마냥 놀 수만은 없었습니다. 깊은 고민 끝에 선택한 길은 창업이었습니다. 물론 하고 싶은 일이 있기도 했지만 '아침이 힘들다'라는 이유도 창업을 선택한 분명한 이유 중 하나였습니다.

그런데 창업하고 경영자가 되어서도 매일 출근 시간을 지키지는 못했습니다. 직원들 사이에서 '정해진 시간에 회의하고 싶다', '업무 시간은 명확히 해야 한다'라는 불만이 들리기 시작했습니다. 사장인 제가 '매주 월요일 아침 9시에 회의하자'고 정해놓고는 기본적인 약속조차 제대로 지키지 않았던 겁니다.

그러던 어느 날 우연히 이런 잡지 기사를 읽었습니다.

"아침은 하루 중 가장 효율이 높은 시간대입니다. 의욕과 집중력을 끌어올리는 신경전달물질인 아드레날린과 도파민의 분비가 활발해지기 때문입니다. 직장인에게 아침과 오전 시간은 승부를 가르는 시간대입니다. 이 시간에 중요한 과제를 처리하면 업무 생산성이 향상되어 성과를 올릴 수 있습니다."

이 기사를 읽고 가슴이 철렁했습니다.

여태껏 직장인에게 중요한 시간을 헛되이 보냈다는 사실을 깨달았기 때문입니다. 경영자이자 직장인, 그리고 사회인으로 제 역할을 제대로 해내고 싶은 마음이 커질수록 자신이 형편없는 사람처럼 느껴졌습니다.

그런데 아무리 애를 써도 아침을 이겨내기가 힘들었습니다. 사장이 없어도 알아서 일을 처리해 주는 듬직한 직원들에게 '미안하다'며 사죄하고 자책하며 무능한 자신을 반성하는 날이 반복되었습니다.

하와이에서 만난 노트 한 권

얼마 후 하와이로 사업 거점을 옮겨 일본과 하와이를 오가며 생활했습니다.

당시 거주하던 하와이 집 근처에는 알라모아나 센터라는 대형 상업 시설이 있었습니다. 관광객이 북적이는 한낮을 피해 저녁 9시 이후 한적해진 쇼핑센터를 둘러보는 것이 소소한 하루 일과 중 하나였습니다.

어느 날, 세련된 감각이 돋보이는 잡화점에 구경삼아 들어갔습니다. 다양한 문구 제품이 진열되어 있었고, 노트 한 권이 눈에 띄었습니다. 노트는 평범한 스케줄 수첩이나 다이어리와는 달리 하루 단위로 과제를 기재할 수 있도록 분류되어 있었습니다.

문득 '아침에 일어나 그날 해야 할 일을 이 노트에 적으면 머릿속이 정리될 것 같다'라는 생각이 들었습니다. 내친김에 노트를 구매하고 행동으로 옮겨 보기로 마음먹었습니다.

다음 날 아침 일어나자마자 노트를 펼치고 펜을 들었습니다. 영어로 쓰여 있어서 뜻을 정확히 파악했는지는 장담할 수 없었지만, 다음 항목은 정확히 이해할 수 있었습니다.

'오늘 반드시 해야 할 일'

이 항목에 답을 채우기 위해 자신에게 물었습니다.

'오늘 반드시 해야 할 일이 뭐였더라?'

곧바로 생각난 답을 노트에 적었습니다. 그랬더니 그날은 '오늘 반드시 해야 할 일'에 자연스럽게 집중해 계획한 일을 끝마칠 수 있었습니다. 머릿속에 흩어져 있던 과제들이 저절로 '해야 할 일과 하지 않아도 되는 일'로 나뉘었고, 해야 할 일이 명확해져 동기 부여 효과가 상승했습니다.

해야 할 일에만 힘을 쏟으면 집중력이 오르고, 하루의 업무 생산성도 훨씬 향상된다는 것을 실감했습니다.

며칠 후 '오늘 반드시 해야 할 일'을 노트에 적는 행위가 습관이 되자 아침을 맞이하는 마음가짐이 달라졌다는 것을 깨달았습니다.

'또 늦잠 잤네. 이러다 지각하겠어.'

'오늘은 이것도 해야 하고 저것도 해야 하는데…….'

그전까지 이런 부정적 생각이 앞섰는데, 노트를 사용한 이후로는 '오늘은 무엇을 해볼까!'라는 긍정적 마음으로 아침을 맞이하게 된 것입니다.

얼마 후에는 '노트에 이런 항목도 추가하면 좋을 텐데', '이렇게 적으면 더 편리하지 않을까'라는 생각까지 들었습니다. 일단 '추가하고 싶은' 항목을 직접 적어 보기로 했고, 가장 먼저 적은 항목이 '오늘 하루를 어떻게 보내고 싶어?'였습니다.

해야 할 일인 과제를 선별하는 것도 물론 중요합니다. 그러나 어떤 기분으로 하루가 끝나기를 바라는지에 초점을 맞추면 동기 부여의 효과가 상승한다는 것을 실감했던 터라 무엇보다 이 항목이 가장 먼저 떠올랐습니다. 초점이 명확해지자 다음 항목도 술술 나오기 시작했습니다.

'어떤 하루가 되면 좋겠어?'

'오늘 하루 가장 기대되는 일은?'

'오늘 하루 감사하고 싶은 사람은?'

이렇게 하와이에서 만난 한 권의 노트에 '추가하고 싶은' 항목을 더한 것이 계기가 되어 만들어진 '생산성 시트'는 3부에서 그 활용법을 자세히 소개하겠습니다.

우리는 비효율적으로 너무 열심히 살고 있다

유럽에 출장을 가거나 여러 나라를 여행하며 알게 된 점이 있었습니다.

일본은 다른 나라보다 노동시간이 길다는 것입니다. 일본 기업은 보통 오전 9시부터 오후 6시까지 (점심시간을 제외하고) 8시간을 근무합니다. 지금은 야근을 금지하는 기업이 늘었지만, 얼마 전까지만 해도 야근과 휴일 출근을 당연시하는 분위기였고, 자신의 모든 시간을 업무에 쏟아붓는 사람도 많았습니다.

일본만큼 야근을 많이 하는 나라는 세계 어디를 가도 드물 뿐 아니라, 야근하지 않는 나라들이 일본에 비해 생산성이 떨어지는 것도 아니었습니다. 제가 아는 프랑스인 직장인들은 점심시간이 무려 2시간이고, 오후 5시에 퇴근할 정도로 확연히 근무

시간이 짧았습니다.

실제로 일본인 남성(15~64세)의 하루 평균 노동시간은 2014년 기준, OECD 회원국 중 1위인 375분으로 세계 평균 노동시간인 259분보다 2시간이나 길었습니다. 또한 2020년 기준, 세계 38개 국가와 지역을 대상으로 한 노동생산성(노동 1시간당 GDP) 조사에서 일본은 28위를 차지한 적도 있습니다.

이러한 조사를 통해서도 '노동시간과 생산성은 비례하지 않는다'라는 것을 알 수 있습니다. 이 사실을 알고 나자 이런 생각이 머리에 스쳤습니다.

'성실한 노력파인 일본인들이 좀 더 생산성에 초점을 맞춰 일한다면, 일본의 노동 방식에 혁명이 일어나지 않겠는가. 내 주특기인 질문을 활용하면 생산성은 물론이고, 인생의 행복 지수까지 올릴 수 있을 거야.'

이때의 깨달음이 이 책을 쓴 계기가 되었습니다.

'몇 시에 일어나는지'는 중요하지 않다

흔히 '아침 습관'이라고 하면 '일찍 일어나야 한다'라는 고정관념이 있습니다.

그러나 이 책은 '일찍 일어나기'를 권하는 책이 아닙니다. 새벽 4시에 일어나든, 오전 9시에 일어나든 잠에서 깨어났을 때가 바로 '아침'입니다. 저는 절대로 일찍 일어나기를 권하지 않는다는 점을 기억해 주세요.

중요한 것은 '몇 시에 일어나는지'가 아니라 '일어나서 무엇을 하는지'입니다. 현대인 대부분은 자명종 소리에 억지로 몸을 일으킵니다. 힘겹게 맞이한 아침 시간에 '자신에게 질문을 던지는' 행위는 그동안 여러분이 가지고 있던 상식을 뒤엎을 정도로 엄청난 힘을 지니고 있습니다.

어릴 적부터 줄곧 아침이 힘들었던 저 역시도 스스로 질문하기만으로 아침을 맞이하는 일이 기대될 정도니까요.

'내일 아침에는 어떤 질문을 할까?'

'내일은 그 일만 제대로 끝내고 느긋하게 영화 한 편 봐야지.'

밤에 잠자리에 누워 이런 생각들을 하면 편안한 마음으로 잠들 수 있었습니다. 스스로 질문하기가 수면의 질까지 바꿔준 셈이지요.

물론 살다 보면 여러 가지 일들에 맞닥뜨립니다. 개운한 기분으로 일어나지 못할 때는 자신에게 물었습니다.

'지금 기분이 어때?'

그러자 '일이 잘 풀리지 않아서 실망스러워', '어제 그 사람이 한 말이 신경 쓰여'와 같이 내 안에 감춰져 있던 불안이나 고민이 명확하게 보였습니다. 이어서 이렇게 질문했습니다.

'그 고민 말이야, 생각하면 해결되는 거야?'

그랬더니 이내 질문에 답하는 내면의 목소리가 들렸습니다. '생각한다고 해결되지 않아', '고민해도 달라질 건 없어. 지금 해야 할 일이나 잘하자'라는 생각의 전환이 일어났습니다. 자신에게 질문을 되풀이하는 동안, 머릿속을 가득 채운 쓸모없는 생각들이 정리되었습니다. 그리고 해야 할 일을 이끌어 다시 긍정적 기분을 되찾을 수 있었습니다.

사람들은 대개 매일 같은 시간에 일어나 비슷한 아침 식사를 하고 비슷한 일을 하며 비슷한 하루를 반복하며 살아갑니다. 심지어 그 생활에 의문이나 기대도 품지 않고 살아 갈 때도 있을 겁니다.

그러나 이 책을 펼친 당신은 '이대로 같은 일을 반복하며 사는 인생이 과연 괜찮은가?'라는 진취적인 생각을 가진 분입니다. 이제 아침 시간을 의도적으로 활용하면서 그 시간을 바꾸는 계기로 만들어 보세요.

먼저 내일 아침 당장 '지금 기분이 어때?'라고 자신에게 물어 보세요.

'좀 피곤한데, 오늘은 쉬엄쉬엄하자.'
'오늘은 쌩쌩한데, 이것저것 도전해 볼까!'

자신의 기분을 알면 그것에 맞게 하루의 목적이 생깁니다. 이러한 과정이 솔직한 삶의 태도가 되고 내 안의 중심을 잡는 토대가 됩니다.

성실한 사람일수록 야근하거나 휴일에 근무해서라도 성과를 내 회사에 기여하려고 합니다. 그런데 중요한 것은 들인 시간이 아니라 생산성입니다. 최단 시간으로 최대 효율을 이끌어내고 싶다면 자신에게 던지는 질문의 힘을 빌려 아침 시간을 효과적으로 사용해 보세요. 생산성은 물론 행복 지수까지 높은 하루를 보낼 수 있을 겁니다.

이렇게 겹겹이 쌓인 날들이야말로 여러분을 빛나는 인생으로 안내하는 지름길입니다.

차례

Part2 | 아침 1분, 30가지 습관 : Question, Action, Plan

습관1~10 | Question

1분도 걸리지 않는 질문으로 기적이 일어난다면?

Part3 최고의 아침이 계속될 수 있도록 도와 주는 '생산성 시트'

하루의 시작인 '아침' 시간을
어떻게 보내느냐에 따라
오늘이 만족스러운 하루가 될지
아쉬운 하루가 될지 결정됩니다.
인생은 오늘 하루가 겹겹이 쌓여 완성됩니다.
아침을 맞이하는 방식은
당신의 삶을 완전히 바꿔놓을 수도 있습니다.

Part 1

인생의 질은
아침을 보내는
방법이 좌우한다

아침에 자신에게
질문을 던져
마음을 정돈한다

'10시까지 거래처에 가야 하니 서두르자.'

'8시까지 아이를 어린이집에 데려다 주려면 아침은 못 먹겠어.'

직장인이나 주부에게서 흔히 볼 수 있는 아침 풍경입니다. 우리는 시간에 쫓기는 경우가 많습니다. 그런데 시간에 쫓기지 않아도 되는 날은 어떤가요? 이를테면 주말이나 휴가 상황처럼 말이지요. 별다른 일정이 없다면 어영부영 아침 시간을 보낼 겁니다.

창업한 지 얼마 되지 않았을 때는 회의에 늦어도 저에게 뭐라고 하는 직원은 없었습니다. 이 상황을 핑계 삼아 아침 시간을 허비하는 정도가 점점 심해졌습니다. 정해진 시간에 출근하지 않아도 직원들이 알아서 제 할 일을 하는 환경에 어느새 길든 거지요. 물론 경영자이자 생활인으로 현실에 안주해서는 안 된다는 생각은 늘 마음 한구석에 품고 있었습니다.

그러던 중 프롤로그에서도 소개한 하와이에서 만난 한 권의 노트에서 시작된 '자신에게 질문하기'를 실천하면서 아침을 맞이하는 마음가짐이 완전히 달라지기 시작했습니다.

자신의 기분을 객관적으로 바라보자

직장인이라면 일의 과제에 우선순위를 정하는 것이 중요합니다.

그러나 자신의 기분이 어떤지도 모른 채 일에만 치중하면 몸과 마음이 다칠 수도 있습니다. 어느 날 아침은 몸이 찌뿌둥하고, 또 어느 날 아침은 의욕이 넘치기도 합니다. 인간은 AI가 아니기에 누구나 그렇습니다. 매일 똑같은 컨디션을 유지하고 최상의 결과물을 내기 어렵습니다.

아침에 일어나 '지금 기분이 어때?'라고 질문을 던져 자신의 기분을 알아보세요. 자신을 객관적으로 바라보면 기분이 정리되어 마음을 정돈할 수 있습니다. 그러고 나서 '오늘 할 일과 하지 않아도 될 일'을 정해 보세요.

    2부에서 자세히 살펴보겠지만, '지금 기분이 어때?'라는 질문은 스스로 나아갈 방향을 알려주는 마법의 질문이 되어 그날의 행동을 결정해 주는 나침반이 될 것입니다.

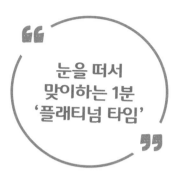

눈을 떠서
맞이하는 1분
'플래티넘 타임'

"여러분은 아침에 눈을 뜨면 가장 먼저 무엇을 하나요?"

이 질문을 하면 '시간을 확인하기 위해 휴대폰을 본다'라고 대답하는 사람이 대다수입니다. 그런데 일어나자마자 휴대폰을 보는 행동이 아침 시간의 효율을 떨어뜨리는 원인이라는 사실을 알고 있나요?

기본적으로 휴대폰은 커뮤니케이션을 위한 도구입니다. 아침에 일어나 휴대폰을 켜면 반드시 누군가와 연결됩니다. 자는 동안 읽지 못한 문자 메시지를 확인하거나 SNS를 들여다보는 등 무의식중에 하는 행위가 누군가와의 커뮤니케이션으로 이어집니다.

그 내용이 긍정적이라면 다행이지만, 타인의 SNS를 보며 떨떠름한 기분이 들거나 업무 메일을 확인하고 '빨리 해치워야지'라는 조급한 생각이 들기도 합니다. 게다가 입에 담을 수 없을 정도로 침울한 뉴스를 읽고 부정적 기분에 빠질 때도 있습니다.

다시 말하면 아침부터 휴대폰을 보는 것은 깨끗이 비운 뇌에 일부러 부정적 정보를 밀어 넣는 행동입니다. 이보다 부질없는 일도 없겠지요.

저는 잠에서 깬 직후 뇌가 깨끗해진 상태를 '플래티넘 타임(platinum time)'이라고 부릅니다. 이 시간에는 부정적 정보를 받아들이지 말아야 합니다. 이때 할 일은 백지상태에서 자신과 마주하는 것입니다.

'지금 기분이 어때?'라고 묻기도 전에 휴대폰을 보고 기분이 찝찝해진다면 진정한 의미에서 자신과 마주할 수 없게 됩니다. 평범한 사람은 긍정적 감정보다 부정적 감정이 앞서기 때문이지요.

과학적인 측면에서도 휴대폰이 내뿜는 블루라이트는 뇌에 강한 자극을 주어 수면을 방해한다는 사실이 증명되었습니다. 애초에 머리맡에 휴대폰을 두지 않는 것도 플래티넘 타임을 효과적으로 사용하는 방법입니다.

+1분, 아침 1분으로 만드는 괜찮은 하루

방에 시계가 없거나 업무 때문에 휴대폰을 늘 지니고 있어야 하는 사람도 있습니다.

그런 경우라면 아침에 일어나 오늘 하루 기대되는 일을 떠올려 보세요. 주체적으로 즐거움을 찾아내는 과정에서 긍정적 기분을 되찾을 수 있습니다.

'오늘 회의도 길어지겠군', '깐깐한 클라이언트와 만날 생각을 하니 답답하네'와 같은 부정적 생각이 이어져도 '회의가 끝나고 시원하게 한잔해야지', '웃는 얼굴로 대하면 미팅도 잘 될 거야'라고 오늘 하루 기대되는 일을 떠올리는 동안 긍정적 사고가 싹을 틔웁니다.

특별한 일이 없는 날일수록 스스로 즐거움을 찾아보세요.

아침에는 아무래도 부정적 감정에 빠지는 사람이 많습니다. 그럴수록 플래티넘 타임에 오늘 하루 기대되는 일을 상상해 보세요. 여러분의 하루를 특별하게 만들어 주는 열쇠가 되어 줄 것입니다.

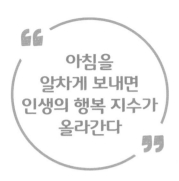

> 아침을
> 알차게 보내면
> 인생의 행복 지수가
> 올라간다

'일찍 일어나는 새가 벌레를 더 많이 잡는다.'

이 속담은 일찍 일어나면 건강에도 좋을 뿐만 아니라 무언가 이득이 생긴다는 의미를 담고 있습니다. 그러나 현대사회에서는 모든 사람이 아침에 활동할 수 있는 것은 아닙니다. 밤에 일하는 사람이 있는가 하면 교대 근무제로 일하는 사람도 있습니다. 그런 분들이 매일 아침 일찍 일어나기란 불가능하지요. 다시 한 번 강조하지만, 이 책은 '일찍 일어나기'를 권하지 않습니다.

중요한 것은 일어나서 하는 일입니다.

그 행동이 하루의 동기 부여와 생산성을 크게 좌우하니까요.

근래 '미라클 모닝'이 유행하는 현상도 아침 시간을 알차게 보내면 하루의 행복 지수가 올라간다고 느끼는 사람이 많기 때문일 겁니다. 다양한 연구를 통해서도 아침 시간을 알차게 보내면 행복 지수가 올라간다는 사실이 증명되었습니다.

2012년 토론토 대학교의 연구팀이 실시한 조사에 따르면, 아침형 인간이 그렇지 않은 유형에 비해 긍정적 감정을 더 많이 품고 있다고 합니다. 연구 결과에서도 알 수 있듯이, 얼마나 행복하게 아침(구체적으로는 기상 후 30분 동안)을 보내느냐가 풍요로운 인생의 문을 여는 열쇠가 됩니다.

행복한 일부터 시작하자

그런데 일어나서 막상 무엇을 해야 행복한지 모르겠다는 분들이 대부분일 겁니다.

그렇다면 이렇게 질문해 보세요.

'아침에 뭘 할 때가 행복해?'

그러면 저마다 다른 대답이 나올 것입니다.

'갓 구운 빵에 버터를 듬뿍 발라 먹는 순간이 행복해.'

'맛있는 커피를 마시며 창밖의 풍경을 바라보는 게 행복해.'

'일찍 일어나서 시원하게 스트레칭하는 게 행복해.'

자신이 무엇을 할 때 행복한지 알았다면, 이번에는 그 행동을 루틴으로 만들어 보세요. 그 루틴이 하루의 만족도를 끌어올리는 계기가 될 겁니다.

여담이지만 저는 아침에 바다에서 수영할 때가 행복합니다. 아침 햇살은 '행복 호르몬'인 세로토닌의 분비를 촉진해 몸과 마음에 긍정적 영향을 줍니다. 저는 시간이 있을 때면 무조건 바다 수영을 나갑니다. 이 습관이 마음의 균형을 잡는 역할을 한다고 생각합니다.

멋진 인생이라는 장기판에 놓인 말을 나아가게 하려면, 아침에 '행복'을 느끼는 일을 찾아 보세요. 이제 그 일을 습관으로 만들고 의도적으로 행동에 옮겨 보는 겁니다. 행복한 시간의 축적이 삶에 윤기와 활기를 불어넣어 줄 테니까요.

**억지로
일찍 일어나지
않아도 된다**

다시 한 번 말하지만 '일찍 일어나기'를 권하지 않습니다.

다양한 연구 결과에서도 일찍 일어나는 것이 맞는 사람과 그렇지 않은 사람이 있다는 것이 증명되었습니다. 영국의 옥스퍼드 대학교에서 실시한 연구 결과에 따르면, 아침 6시 전에 일어나는 사람은 6시 이후에 일어나는 사람과 비교하여 심근경색이나 뇌졸중 등 순환기 질환의 발병 위험이 최대 40퍼센트, 당뇨병이나 우울증의 발병 위험도 20~30퍼센트 높았다고 합니다.

즉 '무조건 일찍 일어나야 좋은 것'은 아니라는 겁니다.

항상 아침 7시에 일어나던 사람이 무리하게 새벽 5시에 일어나면 체내시계가 무너지고 자율신경이 흐트러져 밤에 잠을 설

33

치거나 수면 부채가 쌓이는 등 여러 가지 악영향을 줄 수 있습니다. 다시 말해 자신만의 속도를 벗어나지 않는 것이 훨씬 중요합니다.

텅 빈 상태를 좋아하는 것으로 채우면 행복해진다

좋아하는 음식이 눈앞에 있다고 가정해 봅시다.

당신은 그 음식을 바로 먹는 편인가요, 아니면 아껴두었다 나중에 먹는 편인가요? 여기서 '아껴두었다 나중에 먹는다'라고 대답한 분은 맛에 차이가 있다는 것에 주의할 필요가 있습니다. 배부른 상태에서 먹는 경우와 배고픈 상태에서 먹는 경우가 있다면, 단연 후자가 더 맛있게 먹을 수 있으니까요.

'텅 빈 상태를 좋아하는 것으로 채우는 일.' 이것이 행복을 가장 크게 느낄 수 있는 비결입니다. 그리고 하루 중에서는 그 '텅 빈 상태'가 바로 '아침'이지요.

좋아하는 음식을 먹을 때뿐만이 아닙니다. 예를 들어 움직이기 좋아하는 사람은 일을 마친 후 운동하기보다는 아침에 일어나 운동으로 몸을 풀어주면 머리도 한결 맑아지고 활력을 얻을 수 있습니다.

책읽기를 좋아하는 사람이라면 일이 끝나고 책을 읽을 때 졸음이 밀려오거나 오늘 있었던 일들이 떠올라 방해받을 수도 있습니다. 그런 사람에게는 아침 출근길의 독서 시간이 여러 모로 이익이 큽니다. 만원 지하철에서 받는 스트레스도 풀 수 있고, 효율적으로 뇌를 활성화할 수 있기 때문이지요.

자신이 좋아하는 일, 행복을 느끼는 일을 하루 중 가장 이른 시간에 실천해 보세요. 기분을 환기할 수 있어 동기 부여의 효과가 상승합니다. 자신이 무엇에 행복을 느끼는지 알고 그 일을 아침에 실천하는 것이 인생의 행복 지수를 올리는 데 매우 중요합니다.

Part1. 인생의 질은 아침을 보내는 방법이 좌우한다

생산성이 높아지면
삶이 자유로워진다

시대가 바뀌면 일하는 방식도 달라집니다.

얼마 전까지만 해도 상사와 부하 직원이 술을 마시며 소통하는 일명 '노미니케이션'(일본어로 '마시다'를 뜻하는 '노무'와 '커뮤니케이션'의 합성어 – 옮긴이)이 유행할 정도로 퇴근 후 술자리나 모임이 잦았습니다.

20대를 떠올려 보면 업무의 연장인 술자리나 모임, 파티에 참석하는 시간이 잦았습니다. 당시에는 업무 중에 잡담을 나누면서 시간 때우는 행동을 당연하게 받아들이는 분위기라서 특별히 의문을 품거나 불만을 말하는 사람도 없었습니다.

다른 사람보다 아침 시간에 취약했던 저는 낮 시간을 효율적

으로 활용하고 싶었습니다. 그래서 '그 시간이 아깝다'라고 느낄
때가 종종 있었습니다.

무엇을 하면 가장 효율이 오를까?

시간 낭비라고 생각되는 술자리나 모임에는 나가지 않기로
마음먹었습니다.

이 핑계, 저 핑계를 대며 조금씩 거리를 두었더니 권유받는
일도 줄어들었습니다. 술자리나 모임에 참석해야 '일을 잘하는
사람'이고, 참석하지 않으면 '일을 못 하는 사람'으로 취급하던
시절의 일입니다. 그러나 '술자리에 가봤자 얻는 것은 아무것도
없다'라는 확신이 있었기에 '누가 뭐라든 상관없어. 내가 해야
할 일이나 잘하자'라고 결심할 수 있었습니다.

3부에서 소개할 생산성 시트를 사용하기 시작하면서 행동 지
침의 하나가 된 질문이 바로 '지금 가장 효율이 오르는 일은 무
엇인가?'였습니다.

이 질문의 답을 착실하게 지키면서 상품을 개발하거나 새로
운 사업 콘셉트를 정해 사업 확대를 위한 다양한 계획을 구상하
면 신기할 정도로 성과가 나타나기 시작했습니다. 이러한 경험
으로 일할 때 중요한 것은 들인 시간이 아니라 생산성이라는 것

을 명확하게 깨달았습니다.

누구나 여러 가지 성과를 내고자 하나 그럴수록 생산성은 떨어집니다. 얼마 전 인스타그램이나 페이스북, 메일 매거진(전자메일을 이용해 잡지를 전송하는 서비스 – 옮긴이) 등 다양한 SNS를 이용해 사업을 진행하는 작가에게 푸념 섞인 이야기를 들었습니다. SNS를 관리하는 작업만으로도 하루가 너무 바쁘다는 것이었습니다.

매일매일 꾸준히 무언가를 지속하는 방식은 중요합니다. 실천하지 않는 쪽보다 실천하는 쪽에서 성과가 나타나는 것도 사실입니다. 그러나 SNS에 글을 올리는 일만으로 하루가 끝난다면 '가성비'가 떨어집니다. '무엇을 하면 가장 효율이 오를까?'의 관점에서 생각하는 것이 중요합니다.

생산성이 오르면 짧은 시간 안에 작업을 마칠 수 있습니다. 다시 말하면 '자유 시간을 늘릴 수 있다'라는 의미입니다.

새로운 일을 시작할 때도 바쁠 때는 아이디어를 쥐어짜야 하지만 시간 여유가 있으면 저절로 창의적 발상이 떠오릅니다. 어떤 일을 하든지 생산성과 시간 사용법을 두 개의 바퀴로 삼아 생각하는 것이 중요합니다.

하지 않아도 되는
일은 하지 않는다

　나 자신에게 질문하는 과정을 통해 머릿속에 막연하게 존재하는 생각들을 깔끔하게 정리할 수 있습니다.

　그리고 질문에서 나온 답을 인식하는 동안 행동이 변합니다. 이 과정이 하루의 생산성을 올리고 시간에 기적을 선사합니다. '일의 생산성이 오르는 상태'의 정의는 다양하므로, 구체적으로 어떤 결과가 나와야 생산성이 올랐다고 할 수 있을지 설명하기 어렵습니다. 그러나 '생산성이 없는 상태'는 명확하게 정의할 수 있습니다. 바로 '하지 않아도 되는 일을 계속하고 있는 상태'입니다.

예를 들어 '오늘 반드시 해야 할 일은?'이라고 질문하면, 여러분은 무엇이 그날의 최우선 과제인지 찾을 겁니다. 답을 알면 자연스럽게 그 일을 최우선으로 처리하기 위해 행동합니다. 동시에 '오늘 하지 않아도 될 일'도 구별할 수 있습니다. 다시 말하면 '생산성이 없는 상태'에서 벗어나는 것이지요.

내일 할 수 있는 일은 내일 하자

해야 할 일이 산더미라고 말하는 분도 있을 겁니다.

바쁜 직장인은 오늘 당장 여러 개의 과제를 처리해야 하고 하나같이 중요하다고 생각할 수 있습니다. 그런 사람일수록 최우선 과제가 무엇인지 생각하는 습관을 가져 보세요.

대학에 다니던 시절, 교수님께서는 '내일 할 수 있는 일은 내일 하라'고 조언하셨습니다. 그 말씀이 마음에 남아 줄곧 '긍정적으로 미루기'를 주저하지 않았습니다.

'프레젠테이션 자료 만들기', '의뢰받은 작업 끝내기', '클라이언트에게 자료 보내기'와 같은 과제가 전부 시급한 안건은 아닙니다. 최우선 과제를 정하고 '내일 해도 되는 일은 내일 하자'라는 생각을 가져 보세요.

누구나 하루에 많은 일을 완벽하게 해낼 수 없습니다. 내일

해도 되는 일은 내일 하자고 마음먹으면 오늘 해야 할 가장 중요한 일에 더욱 에너지를 쏟을 수 있습니다.

Part1. 인생의 질은 아침을 보내는 방법이 좌우한다

우리는 질문에서 행동을 이끌어내고,

계획을 세울 수 있습니다.

습관은 질문, 행동, 계획이라는 세 가지 기둥이

연동하여 만들어집니다.

2부에서는 '질문', '행동', '계획'을 축으로

아침에 실천할 수 있는

30가지 습관을 소개하려고 합니다.

물론 소개하는 30가지 습관을

반드시 매일 아침 실천하라는 것은 아닙니다.

휙휙 책장을 넘기다 '내일 아침에는 이걸 해 보자'

정도의 가벼운 마음으로 시도해 보세요.

Part 2

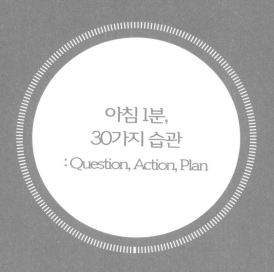

아침 1분,
30가지 습관
: Question, Action, Plan

1분도 걸리지 않는 질문으로 기적이 일어난다면?

습관1
Question1

지금 기분이 어때?

아침에 일어나 '지금 기분이 어때?'라고 자신에게 물어본 적 있나요?

아마도 대다수의 독자 분들은 '물어보지 않아도 내 기분은 내가 제일 잘 알지'라고 대답할 겁니다. 그런데 머릿속에는 상상 이상으로 다양한 감정이 얽혀 있어 복잡한 감정을 막상 말로 표현하려면 쉽지 않습니다.

이럴 때 '지금 기분이 어때?'라고 물어보세요. 그 답이 지금 마음속을 채우고 있는 생각입니다. 현재 기분을 이해하고 오늘 해야 할 과제와 우선순위를 정해 보세요. 그것이 바로 오늘 할 수 있는 최선의 행동이 됩니다.

예를 들어 '이유는 모르겠고 아침부터 기운이 없어'라는 답이 나왔다면 '오늘은 무리하지 말고 일찍 일을 마치고 9시부터 자야겠다'라는 목적이 생깁니다. 스스로 피로한 상태를 알아차리지 못하면 평소처럼 몸을 움직입니다. 피로는 겹겹이 쌓이고 결과적으로 순조롭게 일을 진행할 수 없게 되지요.

기능이 떨어진 줄도 모르고 액셀을 힘껏 밟아 전력 질주하면 몸과 마음이 상합니다. 아침에 일어나 이 질문을 던져 자기 몸과 마음의 상태를 파악해 보세요. 스스로 자기만의 주치의가 되어 세심하게 지금 내 기분을 살펴야 합니다.

답이 나왔으면 이어서 질문한다

질문에 답하고, 그 답에 다시 질문을 이어 나가면 해결책을 찾을 수도 있습니다.

예를 들어 '오늘 아침은 그냥 짜증이 난다'라는 답이 나왔다면 '왜 짜증이 났어?'라고 질문을 이어 나갑니다. 짜증이 난 원인을 내 안에서 찾는 것이지요. '어제 하려던 일을 하지 못했어', 'ㅇㅇ에게 그런 말을 들어서 속상해' 등 지금 내 마음을 어지럽히는 문제의 원인을 명확히 찾습니다.

원인을 찾는 것이 전부가 아닙니다. 더 중요한 것은 '그럼 어떻게 하면 좋을까?'라고 이어서 질문하는 것입니다.

이번에는 짜증의 근원을 제거하기 위한 방법을 찾아냅니다. 그러면 '그 일은 오늘 오전 중에 끝내면 돼', '그 사람은 늘 까칠하니까 신경 쓰지 말자' 등의 답을 얻을 수 있습니다. 이렇게 사고의 전환이 일어나 답답한 마음이 자연스럽게 사그라듭니다.

무엇보다 자신의 기분을 파악하고 질문을 이어가는 동안 근원적인 생각의문제를 해결할 수도 있습니다.

'답을 찾을 수 없다'도 답이 될 수 있다

질문을 반복해도 해결책이 보이지 않을 때도 있습니다.

특히 인간관계에서 비롯된 문제는 상대방의 기분이나 심중을 알기 어려워 나 혼자만의 생각으로는 답을 찾기 어려울 때도 있습니다. 그러나 삶에서 결과보다 과정이 중요한 순간이 있듯이, '답을 찾을 수 없다는 답'에 이르는 과정이 중요합니다.

정신건강의학과나 상담센터에 다니는 사람들은 그 자리에서 문제를 해결할 수 없어도, 마음속 응어리를 털어놓으면 결과적으로 해결의 길이 보인다고 말합니다. 마음의 병이 커지지 않도록 아침에 일어나 자신의 감정을 살피고 정리하는 습관이 중요합니다.

어른이 되면 부담 없이 고민을 털어놓기 힘들어집니다. 자신의 나약함을 들키고 싶지 않아 하는 사람도 많습니다. 그럴수록 자신에게 질문을 던지고 고민을 털어놓으세요. 타인에게는 말할 수 없어도 자신에게는 못 할 말이 없으니까요.

아침 시간에 답답한 마음을 털어버리고 홀가분한 마음으로 하루를 시작해 봅시다.

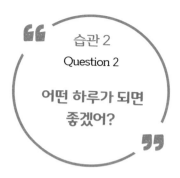

습관 2

Question 2

어떤 하루가 되면
좋겠어?

여러분은 평소에 어떤 기분으로 아침 시간을 보내나요?

'더 자고 싶다', '출근하기 싫다'와 같은 부정적인 감정 아래에서 아침을 보내는 사람이 많을 겁니다. 물론 아침에는 하루 중 스트레스 호르몬의 비율이 가장 높아서 이런 생각이 드는 것도 무리는 아닙니다.

그렇다고 매일 아침을 부정적 기분으로 보내고 싶지는 않을 겁니다. 이럴 때 의도적으로 기분을 전환해 보세요.

부정적 기분을 의도적으로 전환하는 비결

가장 쉽게 기분을 전환하는 방법은 바로 자신에게 '어떤 하루가 되면 좋겠어?'라고 묻는 것입니다.

이 질문을 던지면 오늘 하루가 끝난 후 어떤 기분이 들지 상상할 수 있습니다. '성가신 일을 모조리 해치워서 마음이 개운해지면 좋겠어'라고 답했다면, 우리의 뇌는 그 방향을 향해 행동을 취하도록 지령을 내립니다. 그 지령이 가리키는 방향을 따라 무의식중에 행동합니다. 이 행동이 결과적으로 이상 속에 그린 하루를 보낼 수 있도록 도와줍니다.

사람의 뇌는 질문을 던지면 답을 찾기 위해 자동으로 검색 기능이 작동합니다. 생리적으로 인간의 뇌는 그렇게 구조화되어 있습니다. 뇌의 기능을 충분히 활용하려면 하루의 목표가 명확해야 합니다. 무엇보다 '어떤 하루가 되면 좋겠어?'라는 질문이 하루의 목표를 효과적으로 이끌어 낼 것입니다.

목표 설정에 도움이 되는 4가지 관점

매일 희망이 흘러넘친다면 더 바랄 나위가 없겠지만, 아침마다 특정 목표를 설정하는 것이 막연하게 느껴질 수도 있습니다.

그럴 때는 네 가지 관점에 근거해 목표를 설정해 보세요.

첫 번째는 '어떤 기분이면 좋을까'의 관점입니다.

오늘 해야 할 과제를 처리했을 때 '드디어 끝났다! 수고했어'라는 생각이 들기보다는 '실수가 없어야 할 텐데…'라는 생각이 앞선다면 일은 끝냈어도 찝찝한 기분에 시달리게 됩니다. 무엇을 하느냐가 아니라 '어떤 기분이기를 바라는지' 최우선으로 생각하는 것이 중요합니다.

두 번째는 '어떤 성과면 좋을까'의 관점입니다.

여기서 말하는 '성과'는 상사에게 칭찬을 듣거나 매출이 오르는 것이 아니라, 스스로 결과를 인정했는지를 말합니다. 예를 들어 프레젠테이션 자료를 만들었을 때 누군가에게 평가받기에 앞서 스스로 인정할 수 있는 결과를 얻어야 합니다.

스스로 인정할 수 있는 결과라면 상대방에게도 반드시 결과물에 대한 자신감이 전달됩니다. 최상의 성과는 자기 자신의 인정 없이는 얻어지지 않습니다.

세 번째는 '어떤 즐거움이 있으면 좋을까'의 관점입니다.

앞서 말했듯이 오늘날의 현대인은 하루의 대부분을 일에 할애하고, 심지어 '일이 인생의 전부'라고 생각하는 사람도 적지 않습니다. 당연한 말이지만 일은 인생의 전부가 아닙니다. 이 사실을 잊지 않기 위해 자신이 어떤 것에 즐거움을 느끼는지 알아야 합니다.

나만의 즐거움을 아는 사람은 인생의 크고 작은 고난이 찾아와도 쉽게 흔들리지 않습니다. 부정적인 감정을 흘려보내고, 긍정적인 감정을 채우는 방법을 알기 때문이지요.

예를 들어 '퇴근 후 농구 모임에 나가 땀도 흘리고 스트레스도 풀자'라고 생각하면 일이 힘들어도 해내겠다는 의욕이 생깁니다. 또 육아에 지친 주부가 '아이가 잠든 후 좋아하는 작가의 책을 읽어야지'라고 자기만의 시간을 기대할 수 있다면, 아이와도 자연스레 웃는 얼굴로 마주할 수 있습니다.

나 자신에게 즐거움을 주는 것, 기쁨을 주는 것은 무엇인지 생각해 보세요. '어떤 즐거움이 있으면 좋을지'를 자문하고 자답하는 습관이 그 답을 찾는 데 도움을 줄 겁니다.

네 번째는 '어떤 행동을 하면 좋을까'의 관점입니다.

과제라는 것은 누구에게나 마냥 즐거운 일은 아닙니다. 한번 생각해 봅시다. 신경질을 내며 일하는 것과 웃으며 침착하게 일하는 것 중 어느 쪽이 능률이 오를까요? 과제를 처리해야 한다는 생각에만 치우치면 좋은 성과가 나올 수 없습니다.

어떤 마음가짐으로 행동에 옮기고 어떤 목표를 이루고 싶은지에 의식을 집중합니다. 1분 1초의 행동에도 주의를 기울인다면, 당신의 하루는 매우 달라질 거라 확신합니다.

어떤 하루가 되면 좋겠어?

목표 설정에 도움이 되는 4가지 관점

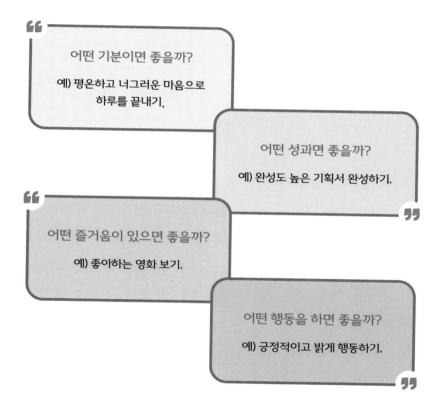

> 어떤 기분이면 좋을까?
>
> 예) 평온하고 너그러운 마음으로
> 하루를 끝내기.

> 어떤 성과면 좋을까?
>
> 예) 완성도 높은 기획서 완성하기.

> 어떤 즐거움이 있으면 좋을까?
>
> 예) 좋아하는 영화 보기.

> 어떤 행동을 하면 좋을까?
>
> 예) 긍정적이고 밝게 행동하기.

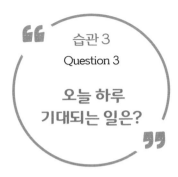

습관 3
Question 3

**오늘 하루
기대되는 일은?**

　가슴이 두근거릴 만큼 기대되는 일이 있는 날에는 피로감을
느낄 새 없이 누구나 기분 좋게 잠자리에서 일어날 수 있습니다.

　그러나 매일매일 설레는 일정이 있을 수는 없겠지요. 바쁜 사
람일수록 똑같은 생활을 반복합니다. 정해진 일들을 해내다 보
면 아침뿐 아니라 하루가 금새 지나가기 때문에, 매일 기대되
는 일을 찾기 어렵습니다. 이것이 현대인들의 서글픈 자화상이
기도 합니다.

　오히려 매일 아침 근심이나 불안에 휩싸이기 쉬운 것이 사실
입니다. '기대되는 일은 고사하고 피하고 싶은 일만 떠올라.' 이
런 생각 때문에 아침이 두려운 사람도 있습니다.

그럴수록 '오늘 하루 기대되는 일은?'이라고 물어보세요.

스트레스가 쌓였거나 몸과 마음이 지쳤을 때 나 자신을 구할 방법은 스스로 기분을 전환하는 것뿐입니다. 내 안에서 기대되는 일을 만들어 냅시다. 보물찾기하듯이 하나라도 즐거움을 찾아보세요.

우리를 둘러싼 환경은 쉽게 변하지 않지만, 환경을 바라보는 태도는 변할 수 있습니다. 즐거움을 찾는 습관은 예상치 못한 곤란이 닥쳤을 때 자신을 지키는 버팀목이 될 것입니다.

'플레저 리스트' 만들기

매일 기대되는 일이나 즐거운 무언가를 찾는 일이 익숙해지지 않아 고민이신가요?

귀중한 아침 시간을 절약하고 고민하는 시간을 최대한 줄일 수 있도록, 평소에 '플레저(pleasure) 리스트'를 만드세요. '플레저 리스트'는 말 그대로 나 자신을 즐겁게 하는 목록입니다.

자신이 조금이라도 즐겁고 기쁘고 행복하다고 느끼는 일을 리스트로 만들어 두세요. 부정적 기분에 시달릴 때도 이 리스트에서 항목 하나를 고르기는 어렵지 않을 겁니다. 처음부터 기대되는 일을 찾을 수 없을 때는 플레저 리스트에서 매일 아침 하나씩, 오늘의 즐거움을 골라 보세요.

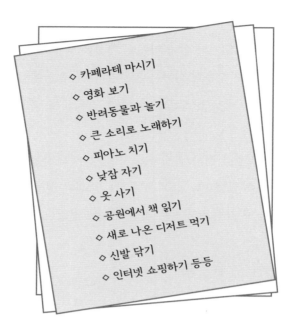

◇ 카페라테 마시기
◇ 영화 보기
◇ 반려동물과 놀기
◇ 큰 소리로 노래하기
◇ 피아노 치기
◇ 낮잠 자기
◇ 옷 사기
◇ 공원에서 책 읽기
◇ 새로 나온 디저트 먹기
◇ 신발 닦기
◇ 인터넷 쇼핑하기 등등

플레저 리스트를 사소하게 여길 분들도 있습니다. 그러나 즐거움을 고르는 습관이 있느냐 없느냐에 따라 하루의 동기 부여가 달라진다는 것을 명심하세요.

좋아하는 일이 하나도 없는 사람은 없다

플레저 리스트는 꿈이나 인생의 목적, 하고 싶은 일을 찾지 못하는 사람에게도 도움이 됩니다.

+1분, 아침 1분으로 만드는 괜찮은 하루

앞으로 창업이나 부업을 하고 싶은데 무엇을 해야 할지 몰라서 고민하는 사람에게 '특기가 뭐야?', '어떤 일을 하고 싶어?'라고 물어도 쉽게 대답하지 못합니다. 특별히 잘하는 일이 없는 사람이나, 지금까지 해 왔던 일과 다른 일을 하고 싶은 사람에게 이런 질문을 하면 당연히 대답할 수 없겠지요. 무엇을 해야 할지 더 막막하게 느낄 수도 있습니다.

사람은 누구나 '좋아하는 것'이 있기 마련입니다. 좋아하는 것 중에 하고 싶은 일을 찾을 만한 단서가 숨어 있습니다. 그 단서를 찾기 위해서라도 자신이 기쁨과 즐거움을 느끼는 일을 알아두는 노력이 필요합니다.

괜한 고민하지 말고 플레저 리스트를 만들어 보세요. 사소한 것부터 거창한 것까지 생각나는 대로 적어보세요. 가족이나 친구처럼 격의 없이 지내는 사람들과 '플레저 리스트'를 공유하는 것도 좋습니다. 예를 들어, 친구의 리스트에 '맨발로 모래사장을 걷는 것이 행복하다'가 있다면 '나도 그랬어!'라고 동조하며, 미처 생각지 못한 행복을 발견할 수도 있습니다.

플레저 리스트는 우리에게 안도감을 줍니다. 힘든 일이나 슬픈 일이 있을 때 플레저 리스트를 꺼내 보는 습관을 가져 보세요. 행복한 자기 모습이 떠올라 긍정적 감정이 샘솟을 겁니다.

나를 즐겁게 하는 '플레저 리스트' 만들기!

카페라테 마시기

반려동물과 놀기 … 등등

+1분, 아침 1분으로 만드는 괜찮은 하루

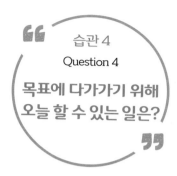

습관 4

Question 4

목표에 다가가기 위해
오늘 할 수 있는 일은?

인생은 하루하루가 쌓여 완성됩니다.

그만큼 평소에 '오늘 하루가 인생의 한 부분이 된다'라는 의식을 갖는 것이 중요합니다. 어떤 인생을 살고 싶은지 100명에게 물으면 100가지 답이 나옵니다. 어떤 답이든 그 방향을 향해 나아가지 않으면 닿을 수 없습니다. 평소에 자신이 어디를 향해 나아가고 있는지를 반드시 인식하고 있어야 합니다.

아침 시간에는 방향성을 잃지 않는 것이 중요합니다. 그러나 조금만 방심해도 부정적 감정이 밀려오는 시시콜콜한 일상사 때문에 방향성을 잃기 쉽습니다. 중심을 잃고 싶지 않다면 '이루고 싶은 목표에 다가가기 위해 오늘 할 수 있는 일은?'이라고 나 자신에게 질문해야 합니다. 이 질문이 효과를 발휘하는 데는 이유가 있습니다.

사람은 급한 일이 있을 때는 바로 행동을 취하지만, 중요한 일이나 신중하게 처리할 일은 뒤로 미루는 경향이 있습니다. 인생에서 중대한 것은 급한 일이 아니라 중요한 일입니다.

아침에 일어나면 인생의 목적이나 꿈에 대해 생각할 여유가 없어 그날 해야 할 일에 생각이 치우칩니다. 그러나 오늘 원대한 꿈을 위해 내딛는 작은 한 걸음이 한 달 후, 일 년 후, 십 년 후에 큰 차이로 나타납니다.

이를 되새기기 위해 '이루고 싶은 목표에 다가가기 위해 오늘 할 수 있는 일은?'이라고 질문하는 것이 중요합니다.

성취 목표를 '일'과 '인생'의 카테고리로 나눈다

일생에서 이루고 싶은 목표를 '일'과 '인생'의 두 가지 카테고리로 나누어 생각해 보세요.

업무의 분야에서 성공을 거두었어도 개인적인 삶이 행복하다고는 확신할 수 없습니다. 역사에 이름을 남긴 유명인들도 사적으로는 고독한 삶을 보낸 경우가 적지 않으니까요. '일'과 '인생'을 별도 카테고리로 분류하여 각각 목표를 설정하는 것이 중요합니다. 예를 들어 봅시다.

일 : 부업으로 연 수입 1,000만 엔이 넘으면 회사를 그만둔다.

인생 : 아이가 대학을 졸업하면 아내와 오스트레일리아로 이
주한다.

이렇게 목표를 나누고, 최대한 구체적으로 실현 가능한 목표
를 설정해 보세요. 이 목표를 향해 매일 조금씩 나아가는 것이
최종적인 꿈의 원동력이 됩니다.

비즈니스 상황에서도 '급한 일은 아니지만, 조만간 해야 하
는 중요한 일'이 누구에게나 있습니다. 예를 들어 '다음 달 말까
지 새로운 기획 자료를 작성'하는 과제가 있다면, 이 과제를 한
달 전부터 머릿속으로 생각하는 것과 자료를 작성하는 전날이
되어서야 생각하는 것의 완성도에는 분명한 차이가 생깁니다.

한 달 전부터 머릿속 한구석에 과제를 입력해 두면 'Question
2'에서 설명한 것처럼 뇌가 자동으로 검색 기능을 작동시켜 자
료 작성에 필요한 정보를 찾아줍니다. 언젠가 반드시 해야 하는
중요한 일이 있다면 잊지 않는 것이 중요합니다.

그날 처리해야 하는 과제도 중요하지만, 여유가 있을 때 훗
날 해야 하는 일에 의식을 집중해 보세요. 이때 '이루고 싶은 목
표에 다가가기 위해 오늘 할 수 있는 일은?'이라는 질문이 도움

을 줄 수 있습니다.

  흘려보내기 쉬운 오늘은 인생에 다시 돌아오지 않는 일회적인 순간입니다. 오늘 하루도 미래의 꿈, 목적, 과제를 잊지 않고 보내시기 바랍니다.

+1분, 아침 1분으로 만드는 괜찮은 하루

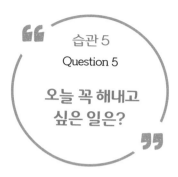

습관 5

Question 5

**오늘 꼭 해내고
싶은 일은?**

'오늘 꼭 해내고 싶은 일은 무엇일까?'

이 질문은 오늘 해야 할 일 중에 무엇이 가장 중요하고 우선
도가 높은지를 인식하기 위한 질문입니다. 이 질문의 답이 나오
면 해야 할 일이 명확해지고, 하지 않아도 될 일이 구분되어 중
요한 일에 에너지를 쏟을 수 있습니다.

사람들은 의외로 '오늘은 어제의 연속'이라는 생각에 사로잡
혀 새로운 하루의 시작인 오늘을 심기일전의 기회로 삼지 못합
니다. 매일 똑같은 전철을 타고, 똑같은 회사에 나가서 똑같은
얼굴을 보며, 똑같은 일을 반복하다 보면 저도 모르게 그런 생
각이 들 수도 있습니다.

현재를 '따분하다'고 생각할지 '즐겁다'고 생각할지는 자신에게 달렸습니다. 어제와 오늘을 분리하고 '오늘 하루를 즐겁게 보내자'라는 생각으로 행동하면 그 바람은 반드시 이루어질 것입니다.

바쁘게 살아가는 현대인은 해야 할 과제가 산적해 있고, 눈앞에 닥친 과제를 처리하기에도 시간이 빠듯합니다. 게다가 사람의 집중력은 길어도 25~30분 정도입니다. 오전 9시부터 오후 5시까지 동일한 집중력을 유지하며 일할 수는 없습니다. 그런데도 열심히, 그리고 성실하게 사는 보통의 사람들은 어떻게든 한계에 이를 때까지 버팁니다.

효율이 떨어지면 당연히 제대로 일할 수 없습니다. 일이 제대로 되지 않으면 좋은 성과도 나오지 않습니다. 이렇다 할 성과를 내지 못하고 실패의 경험이 쌓이면 자기 부정에 빠집니다. 자기 부정은 곧 자신감 상실로 이어집니다. 이러한 악순환이 동기 부여에 악영향을 미칩니다.

자신의 최우선 과제를 알아야 이러한 상황을 피할 수 있습니다. 이때 바로 '오늘 꼭 해내고 싶은 일은?'이라는 질문이 도움을 줄 겁니다.

가장 중요한 일에 에너지를 쏟으면 나머지 일에 소홀해도 죄책감을 거의 느끼지 않습니다.

한 기업의 대표나 임원진은 다섯 개의 프로젝트를 50점으로 완성하는 사람과 한 프로젝트를 진행하더라도 120점으로 완성하는 사람 중 후자를 더 높이 평가합니다. 일의 결과물을 양이 아니라 질로 평가하기 때문입니다. 한 가지 일을 하더라도 120점짜리 일로 만들어 보세요. 사회적으로도 높은 평가를 받고 일에 대한 의욕도 생길 겁니다.

육아로 바쁜 주부도 명확한 목적 없이 막연하게 집안일을 하기보다는 '오늘은 환기구만 깨끗하게 청소해야지'라고 목표를 정합니다. 그러면 집중력과 동기 부여, 일을 끝낸 후 만족감이 달라집니다. 그만큼 오늘 반드시 해야 할 일을 인식하는 것이 중요합니다.

아침 시간은 새로운 하루의 시작이지 어제의 연속이 아닙니다. 이렇게 생각하는 사람만이 새로운 자신에게 향하는 열차의 티켓을 손에 쥘 수 있습니다. 이 열차가 여러분을 꿈과 목적지까지 데려다 줄 것입니다.

오늘 하루 중 무슨 일을 하더라도 120점짜리 작품을 남겨야겠다는 마음을 가져 보세요. '오늘 꼭 해내고 싶은 일은?'이라는 질문이 의식을 집중하는 데 도움을 줄 겁니다.

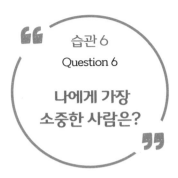

"나 자신에게 가장 소중한 사람은 누구일까요?"

강연이나 모임에서 사람들을 만날 기회가 있으면 항상 묻습니다. 이 질문에 대부분은 '자녀', '가족', '부모', '친구', '배우자', '반려동물'이라고 대답합니다. 내면에 얼어붙은 얼음을 깨주기를 바라는 마음으로 저는 다시 한 번 묻습니다.

"나 자신에게 '정말로' 가장 소중한 사람은 누구인가요?"

다시 한 번 곰곰이 생각한 사람들은 그제서야 "무엇보다 나 자신이겠지요?"라고 대답합니다.

누구나 자신을 가장 소중하게 여깁니다. 다양한 사람들을 만나 이 질문을 던지면 늘 인상적이고 흥미로운 과정을 겪게 됩니다. 반복해서 물어야 '나 자신'이라고 대답하기 때문입니다.

대다수 사람들이 '나를 가장 소중히 여긴다'라고 대답하면 이어서 저는 또 묻습니다.

"나에게 가장 소중한 사람과 얼마나 시간을 보내나요?"

이 질문에 열에 아홉은 당황합니다. 그리고 "나는 나 자신이니까 늘 함께 있지 않나…."라고 말끝을 흐립니다. 여기서 다시 질문을 이어갑니다.

"당장 스케줄 수첩을 꺼내 보세요. 나와의 약속이 몇 개나 적혀 있나요? 가장 소중한 사람과의 시간이 적혀 있지 않을 리가 없겠지요?"

가장 소중한 자기 자신과의 약속이 비어 있다는 것을 확인한 사람들은 '나를 소중히 여기는 시간을 만들어야 한다'라는 질문의 진짜 의도를 이해하고, 사람들은 환한 얼굴로 돌아옵니다.

나 자신과 약속하기

'나를 소중히 여기는 시간'이란 무언가를 공부하거나 자신과 마주 보고 문제를 해결하는 시간이 아닙니다.

내가 나답게 있을 수 있는 시간을 갖는 것이 바로 나를 소중히 여기는 방법입니다. 예를 들어 개와 산책하기, 단풍이 든 가을 풍경 즐기기, 쇼핑하기, 미용실 가기 등 자신이 편안한 상태가 되는 일정을 빠짐없이 스케줄 수첩이나 메모장에 적어 두는 습관을 가져 보세요.

실제로 많은 분이 자신을 소중히 여기는 시간은 업무 수첩이나 일정 관리 어플에 적지 않습니다. 그저 일과 관련된 일정이나 친구와의 약속만으로 가득 채워져 있지요. '이번 달은 휴가를 내서 오랜만에 낚시 여행을 가야겠다'라고 생각하지만, 눈앞의 일정에 쫓겨 결국 떠나지 못하는 사람도 있습니다. 바로 자신과 약속을 잡지 않았기 때문이지요.

사소한 것이라도 나와 한 약속을 기록해 두세요. 그래야만 다른 사람과 약속을 잡거나 일과 관련된 일정을 정할 때도 나와의 약속을 우선순위에 둘 수 있습니다.

'시간이 나거나', '안정된' 상황은 존재하지 않는다

저는 업무 일정보다 자신과의 약속을 중요하게 여깁니다.

그래야 일에서도 양질의 결과를 얻을 수 있다는 것을 경험했기 때문이지요. '비는 시간=내 시간'이라는 생각은 옳지 않습니다. 바쁘게 살아가는 현대인에게 비는 시간은 존재하지 않는다고 해도 과언이 아닙니다.

예를 들어 친구들끼리 '안정되면 만나자'라고 말하지만 실제로 생활 속에서 '안정된 시간'이 얼마나 존재할까요? 어쩌면 의도적으로 만들지 않는 한 '안정된 시간'은 존재하지 않습니다. 하물며 나를 위한 시간을 만들기는 더욱 어렵다는 것을 굳이 더 설명하지 않아도 이해할 수 있겠지요.

스스로 나다움을 잊지 않고 살아가려면 나 자신과의 약속이 필요합니다. 바쁜 시간에 쫓겨 흘러가지 않도록 나와의 약속을 스케줄 수첩에 적는 습관을 가져 보세요. 앞서 말했듯이 아침은 부정적 감정에 휩쓸리기 쉬운 시간입니다. 이럴 때 나와의 약속을 적어 긍정적 기분으로 전환해 보면 어떨까요?

우리는 아침에 일정을 확인하기 위해 자주 수첩을 펼쳐 봅니다. 이때 나와의 시간을 상상하며 약속을 적으면 바쁜 업무나 복잡한 인간관계를 극복할 힘이 생깁니다.

다만 자신의 시간을 희생하면서까지 일에 몰두하고 싶은 사람도 있습니다. 그런 사람이라면 일할 때 가장 나답게 있을 수 있기 때문에 일부러 자신을 위한 시간을 내지 않아도 됩니다. 그 사람에게 일은 고통이 아닌 즐거움이니까요.

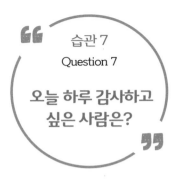

흔히 현대사회를 '스트레스 사회'라고 말합니다.

누구나 스트레스 하나쯤은 안고 살아갑니다. 아침에 일어났
을 때 그냥 짜증이 나거나 개운하지 않은 날도 있습니다.

아침은 그날의 기분을 결정하는 중요한 시간입니다. 그 중요
한 시간에 매일 짜증이 난다면 갑갑한 인생을 살 수밖에 없습
니다. 지금 이런 상황에 처했다면 'Question 1'에서 소개한 '지
금 기분이 어때?'라고 자신에게 질문한 뒤 해결의 실마리를 찾
아보세요.

그래도 짜증스러운 마음이 가라앉지 않을 수도 있습니다. 이
럴 때 가장 빨리 짜증을 걷어내는 질문이 있습니다. 바로 '오늘

하루 감사하고 싶은 사람은?'이라는 질문입니다. 짜증 나는 이유는 제각각이지만 어떤 이유든 '감사함이 없다'라는 공통점이 있습니다.

예를 들어, 집안일을 거들지 않는 남편에게 짜증이 난다면 그 사람은 남편에 대한 감사의 마음을 잊고 있을 수도 있습니다. '늘 가족을 위해 열심히 일하니 집안일까지 보살필 여력이 없겠지'라고 다른 시선에서 남편을 바라보면 자연스럽게 짜증스러운 마음이 가라앉을 수도 있습니다.

업무와 관련된 일로 짜증이 난다면 '건강한 몸으로 일할 수 있는 환경에 감사해'라고 생각해 보세요. 이내 짜증스러운 마음이 사라지고 감사하는 마음이 생길 겁니다. 다시 말해 무언가에 짜증이 난다면 '감사함을 잊고 있다'라는 신호입니다.

마음에서 우러나오는 감사로도 충분하다

평범한 우리는 깨달음에 이른 성인군자가 아니기에 싫은 사람이나 얄미운 사람에게는 도저히 감사하는 마음이 생기지 않습니다.

이럴 때는 감사의 대상을 바꿔 보세요. 꼴 보기 싫은 상사에게 감사하는 마음이 생기지 않는다면 항상 일을 도와주는 부하 직원에게 감사의 방향을 돌려보세요. 누군가에게 '고맙다'라는 마음을 전하고 싶어지면 저도 모르게 짜증이 가라앉습니다.

감사의 대상을 찾으려면 '오늘 하루 감사하고 싶은 사람은?'이라는 질문이 필요합니다. 감사는 선물을 준다거나 '고맙다'라는 말로 표현하는 물질적 행동만으로 실천할 수 있는 것은 아닙니다.

예를 들어 일과 관련된 사람을 만난다면 'K 씨가 소개해 준 덕분에 P 씨와 일할 수 있게 됐지. K 씨에게 감사하는 마음을 갖자'라고 그 사람과 만난 계기를 떠올려 보기만 해도 감사하는 마음이 생깁니다.

짜증을 해소하고 평온한 마음으로 전환하고 싶을 때는 오늘 하루 감사하고 싶은 대상을 정해 보세요. '오늘 하루 감사하고 싶은 사람은?'이라는 질문으로 아침 시간을 감사의 마음으로 채워 보세요.

감사에 초점을 맞추면 싫은 대상에 눈길이 가지 않아 마음이 안정되는 것을 실감할 수 있습니다. 우선 감사하고 싶은 대상 한 명을 정하는 습관을 가져 보세요. 늘 같게만 보이던 세상이 조금은 다르게 보일 겁니다.

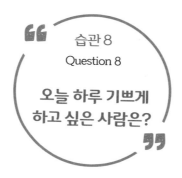

습관 8

Question 8

오늘 하루 기쁘게
하고 싶은 사람은?

'저 사람을 기쁘게 하려면, 나는 무엇을 할 수 있을까?'

저는 이렇게 자문하며 마인드셋을 설정합니다. 마인드셋을 설정할 때 이 질문이 필요한 이유는 사람은 받는 기쁨보다 주는 기쁨에서 더 큰 행복감을 느끼기 때문입니다.

바꿔 말하면 이 질문은 자신이 어떤 것에 행복을 느끼는지 아는 방법으로도 활용할 수 있습니다. 이러한 경향은 다양한 연구를 통해서도 입증되었습니다.

영장류인 침팬지는 음식을 나누어 먹지 않습니다. 그런데 2017년 영국 학자들이 발표한 침팬지 연구에 따르면, 보통은 먹이를 나눠 먹지 않는 침팬지도 드물게 먹이를 나눠 주는 경우가 있다고 합니다.

연구자들은 침팬지들이 먹이를 나눠 가진 직후 체내 호르몬을 조사했고, 그 결과 일명 '사랑의 호르몬'으로 불리는 옥시토신의 양이 증가한 사실을 발견했습니다. 이러한 경향은 침팬지뿐만 아니라 사람에게도 나타난다고 합니다.

전철에서 다른 사람에게 자리를 양보했다고 상상해 보세요. 자리를 양보했더니 상대가 '고맙다'라고 웃으며 말해준다면 기분이 어떨까요? 어쩌면 자리를 양보받았을 때보다 더 큰 만족감과 행복감을 느낄 수도 있습니다.

우리는 극도로 지쳤거나 심신의 피로가 누적되었을 때 마사지를 받기도 합니다. 이때도 마사지를 받는 사람보다 해 주는 사람에게 더 많은 옥시토신이 분비된다는 조사 결과가 있습니다. '상대가 기뻐했으면 좋겠다'라는 다정한 마음이 반영된 결과인 셈이지요.

확실한 행복감을 느끼고 싶다면 타인에게 친절을 베풀어 보세요. 이때 '오늘 하루 기쁘게 하고 싶은 사람은?'이라는 질문이 도움을 줄 겁니다.

타인에게 기쁨을 주기 위해 돈을 쓰라는 것이 아닙니다. 큰 비용이 드는 물질적 기쁨보다 비용이 들지 않는 기쁨이 바람직합니다. 한동안 만나지 못한 친구에게 오랜만에 문자를 보내거나, 배우자에게 경제적 부담이 없는 소소한 이벤트를 해 보는 것은 어떨까요?

상대는 '나를 조금이라도 먼저 생각해 주었다'라는 마음에 분명 감동할 것입니다.

상대에게 기쁨을 주는 일 계획하기

타인에게 기쁨을 주기 위한 이벤트를 장기간에 걸쳐 계획하면, 장기적으로도 나 자신을 행복하게 할 수 있습니다.

예를 들어 '한 달 후 아내의 생일에 깜짝 선물을 해야지'라고 지금부터 계획을 세우면 한 달 동안 행복한 기분을 지속할 수 있습니다. 한 달 후 여행을 간다면 출발하기 전까지 행복한 기분으로 일상을 보냈던 기억이 있을 겁니다. '여행은 떠나기 전까지가 가장 설렌다'라는 말이 있듯이, 여행이라는 명확한 즐거움이 미래에 설정되어 있어 기다리는 시간 동안 행복을 느낄 수 있는 것이지요.

75

자신을 위해서든 타인을 위해서든 장기적 기쁨을 설정하는 것은 일상의 동기 부여를 유지하는 데 효과적입니다. 타인에게 기쁨을 준다고 해서 손해를 볼 일은 없습니다. 타인에게 기쁨을 주는 일이 하루 중 하나라도 있다면, 자신과의 소통은 물론 상대방과의 소통도 원활해질 겁니다.

무엇보다 자신이 기쁨을 주고 싶은 사람은 자신이 가장 소중하게 여기는 사람입니다. 자신이 누구를 좋아하고 소중하게 여기는지 알고 싶다면, 아침 시간에 '오늘 기쁨을 주고 싶은 사람은?'이라고 물어보세요.

이 질문을 습관화하면 소중한 사람들에게 둘러싸여 보람찬 하루하루를 보낼 수 있습니다.

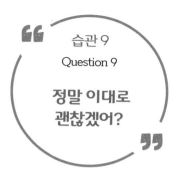

습관 9

Question 9

**정말 이대로
괜찮겠어?**

아무리 인공지능이 진화해도 사람만 할 수 있는 일이 있습니다.

인간의 고유한 능력은 바로 '스스로 개념을 만들어 내는 창의적 사고와 행동'입니다. 제가 쉬지 않고 강연하고, 책을 쓰는 이유는 스스로 생각하고 답을 찾아 행동하는 사람이 많아지길 바라기 때문입니다.

앞으로의 시대는 주체적 삶의 방식이 자신의 가치 창조로 이어집니다. 스스로 생각하고 행동하는 사람이 많아지기 위한 가장 올바른 방법은 질문을 던져 자신을 알아가는 것이라고 확신합니다.

인간의 특성은 '환경에 적응'한다는 것입니다. 입사한 지 얼마 되지 않아 회사에 갈 때는 누구나 긴장하기 마련이지요. 그런데 몇 달만 지나면 어느새 생활에 익숙해집니다. 이처럼 우리는 시간이 지나면 어떤 환경에 놓이든 적응하는 생명체입니다.

처음에는 우왕좌왕하다가도 차츰차츰 해야 할 일을 파악하고 당연한 듯이 해냅니다. 이렇게 적응할 수 있는 것도 사람만이 가진 장점입니다.

그러나 사람은 익숙한 상태가 지속되면 그 환경을 점점 더 '만만하게' 여깁니다. 긴장감이 사라지면 아무 생각 없이 일을 처리합니다. 이러한 상태가 사고를 정지시킵니다. 결국 인간만이 가진 특성을 살릴 수 없게 되는 것이지요.

아무 생각 없이도 할 수 있는 일은 매뉴얼로 만들어져 십여 년 후에는 AI가 그 자리를 대신할 겁니다. AI가 대신할 수 있는 일 중 대표적 예가 상점의 계산 업무입니다.

편의점에서 일하고 있다고 가정해 봅시다. 계산과 재고 정리, 접객과 같은 모든 업무를 실수 없이 해낼 수 있다면 이후로는 무슨 생각을 하며 일할까요? 대다수가 '특별히 아무 생각도 하지 않는다'라고 대답할 겁니다. 그렇다면 AI에게 일을 뺏길 가능성이 큽니다.

일뿐만 아니라 인간관계도 마찬가지입니다. 익숙한 관계가 지속되면 상대방의 변화를 알아차리지 못합니다. 관계에 무뎌지지 않기 위해서라도 늘 새로운 마음으로 소통하는 것이 중요합니다.

아무렇지 않은 일상에 의문을 던지기

인간은 스스로 생각해서 행동할 수 있는 생명체입니다.

주체적으로 생각하고, 활동하는 능력은 인간의 탁월한 특징입니다. 이 특징을 활용하기 위해 평소에 당연하게 하는 일에 의문을 품어 보세요.

늘 똑같은 일만 하니 지겹다.

뭐 재밌는 일 없을까?

지금 하는 일에 싫증 난다.

이런 생각을 하는 사람이라면 자신이 하는 일에 '정말 이대로 괜찮겠어?'라고 의문을 가져 보세요. 일단 아무 생각 없이도 할 수 있는 자료 작성을 멈추고 '이게 정말 최선인지' 생각해 보세요. 새로운 각도로 자료를 살펴보게 되고, 생각지도 못한 새로운 아이디어가 떠올라 지금보다 나은 결과물을 만들어 낼지도 모릅니다.

일상생활에서도 마찬가지입니다. 지하철역이나 버스 정류장까지 가는 동안 스치는 풍경을 보더라도 관점을 바꿔 바라보면 다양한 궁금증이 생깁니다.

이 길은 어디로 이어질까?

매일 보는 저 가게는 뭘 파는 곳이지?

늘 보이는 저 꽃의 이름이 뭘까?

이러한 궁금증이 좁은 견문을 넓히고, 잠재된 가능성의 문을 여는 기회가 됩니다. 늘 당연하게 하는 일에 새삼 의문을 품어 보세요. 평소 습관을 다시 돌아보고 다듬어 보시기 바랍니다.

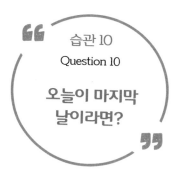

습관 10

Question 10

오늘이 마지막
날이라면?

우리는 무의식중에 나를 비롯해 소중한 사람들이 내일도, 한 달 후에도, 일 년 후에도 늘 함께할 거라 생각합니다.

세상에는 불의의 사고나 재해로 갑자기 목숨을 잃는 사람이 적지 않습니다. 그들도 자기 죽음을 예견하지 못했을 겁니다. 그런 생각을 하면 당연하게 살아 있는 이 순간이 더없이 소중한 시간이라는 것을 실감하게 됩니다.

나이가 들어감에 따라 다시 만날 수 없는 사람이 하나둘씩 늘어 갑니다. 어쩔 수 없는 현실을 받아들이면서도 이별은 예고 없이 찾아온다는 것을 깨닫습니다. 하루하루를 후회 없이 살아가야 합니다. 이를 잊지 않기 위해 '오늘이 마지막 날이라면?'이라는 질문을 자신에게 해 보는 것이 중요합니다.

이 질문은 '슬프다', '서럽다' 등의 부정적 감정을 끌어내기 위한 것이 아닙니다. 다만 '마지막 만남이 될 수 있다'라고 가정하자는 겁니다. 반드시 오늘 밤도 만날 수 있을 때와 만날 수 없을 때의 기분을 비교했을 때, 앞으로 만나지 못한다면 어떤 관계를 지속할 것인지 상상해 보는 것이지요.

매일은 아니더라도 일주일에 한 번 정도 이 질문을 던져 보세요. 상상 이상으로 상대방을 향한 애틋한 심경과 감사한 마음, '지금' 누리는 행복을 실감할 수 있습니다.

먼저 소중한 가족이 외출할 때 '이 대화가 마지막이라면?'이라고 생각해 보세요. 틀림없이 평소와는 다른 감정이 샘솟을 겁니다. 평소에 '잘 다녀와'라는 형식적인 말만 했다면, 오늘부터는 '차 조심해', '일 끝나면 지하철역까지 마중 나갈게'와 같은 말을 건네거나 말없이 안아 줄 수도 있습니다.

처음에는 상대방이 '왜 이러지?'라고 의아해할 수도 있지만, 일주일에 한 번 정도 건네는 이런 말과 행동은 깊은 인상을 남기고 기분까지 유쾌하게 만들 겁니다.

사람은 마지막을 의식하면 잊고 있던 감정을 깨닫습니다.

자신에게 던지는 '오늘이 마지막 날이라면?'이라는 질문은 지금 내 주변에 있는 사람과 상황에 감사하는 마음을 갖기 위해 꼭 필요합니다. 당연한 것처럼 함께 있는 가족과 친구, 일터의 동료를 떠올리며 '이 사람과의 만남이 마지막이라면?'이라고 생각해 보세요. 평소와는 다른 감정이 우러나온다면 그 근원에는 반드시 상대방에게 감사하는 마음이 있음을 느낄 수 있을 겁니다.

지금 힘겨운 상황에 처해 있는 사람에게는 '오늘이 마지막 날이라면?'이라는 질문이 조금이나마 위안을 줄 수 있습니다. '마지막이니 오늘만 힘내 보자'라는 생각이 든다면 지금 처한 상황에서 조금씩 앞으로 나아가고 있다는 증거입니다.

실제로 오늘이 인류의 마지막 날이라면 무슨 생각을 할까요?

내가 소중하게 여기는 것은 뭐지?

늘 나를 지지해 주는 사람은 누구지?

그리고 무엇보다 그들과 함께하고 싶다고 생각할 겁니다. '오늘이 마지막 날이라면?'이라는 질문은 지금 누리는 행복을 일깨우는 계기를 마련할 궁극의 질문입니다.

작은 행동으로 하루의 만족도를
극적으로 변화시킬 수 있다

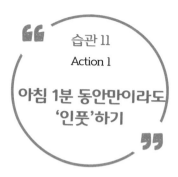

습관 11
Action 1

아침 1분 동안만이라도 '인풋'하기

경제, 경영, 자기계발 분야의 책들은 주로 '아웃풋이 자기 성장으로 이어진다'라고 강조합니다.

아웃풋은 중요합니다. 자신의 마음속을 글로 적는 동안 머릿속을 정리할 수 있으니까요. 조금 다른 이야기를 하자면 저는 2004년부터 10년 가까이 하루도 빠짐없이 메일 매거진을 발행했습니다. 쓰고 보내는 행위는 말 그대로 아웃풋입니다. 10년 동안 아웃풋을 하면서 도중에 아웃풋이 불가능한 상태에 여러 번 빠지기도 했습니다.

그때 '아웃풋은 인풋이 있어야 성립된다'라는 것을 다시금 깨달았습니다.

내보낼 정보가 바닥난 저는 일단 책을 읽기로 했습니다. 당시 거주하던 야마가타에서 도쿄까지는 신칸센으로 세 시간이 걸렸습니다. 한 달에 여러 번 도쿄로 출장을 다니던 때라 역에서 네다섯 권의 책을 사면 도착하기 전에 전부 읽을 수 있었습니다.

물론 세 시간 동안 다섯 권이나 되는 책을 깊이 있게 읽을 수는 없었지요. '서문'과 '차례'를 체크하고, 본문에 있는 키워드를 찾아 훑듯이 읽다 보면 자연스럽게 전달하려는 요점을 이해할 수 있었습니다.

책을 살 때는 일부러 평소에 관심 없는 분야를 골랐습니다. 지금까지 관심 밖이었던 분야를 알아 가며 뜻밖의 발견이나 새로운 사고를 접할 수 있었습니다. 저는 책을 도구로 삼아 의도적으로 인풋의 소재를 찾았습니다. 주체적으로 새로운 지식을 획득하면서 '다시 아웃풋을 하고 싶다'라는 생각이 서서히 들기 시작했습니다.

여러분도 아침에 일어나 단 1분의 짧은 시간만이라도 책 읽기와 같은 의도적 인풋을 실천해 보세요. 이 작은 실천이 '오늘 회의 시간에 아침에 읽은 책 얘기해 볼까'라는 생각으로 이어져 일에서도 인간관계에서도 만족도를 끌어올릴 겁니다.

우리는 인풋이 주는 예상 밖의 감동을 연료로 삼아 더욱 폭넓고 다양하게 사고할 수 있습니다.

예를 들어 조만간 루브르 박물관에 방문할 계획이 있다고 상상해 보세요. 아마도 루브르 박물관이 어떤 곳인지 미리 찾아볼 겁니다. 그다음 실제로 루브르 박물관에 가서 수집한 정보가 정확한지를 점검하겠지요.

이렇게 사전에 정보를 조사하는 것도 '인풋'입니다. 그러나 이 방식은 인풋보다는 '확인'에 가깝기에 감동의 크기가 줄어듭니다. 선지식이 실제 느낄 감동을 저해하는 것이지요.

저는 여행을 갈 때 사전조사를 면밀히 하거나 확실한 계획을 세우지 않는 편입니다. 현지를 돌아다니며 '괜찮아 보이는' 곳에 무작정 차를 세웁니다. 그러다 보면 뜻밖에 멋진 장소를 만나는 경우가 종종 있거든요.

상상 이상의 체험을 하는 것이 진정한 의미의 인풋입니다. 아침 1분 동안 인풋을 할 때도 지금까지 접하지 않은 분야의 책을 읽으면 인생의 폭이 좀 더 넓어질 수 있습니다.

　신종 코로나바이러스가 전 세계를 휩쓸었을 때 사회적 거리두기의 영향으로 자유롭게 여행을 떠날 수 없었습니다.

　집에 머무는 시간이 길어지고, 개인 간의 소통이 줄어들면서 고립감, 우울감 등의 부작용이 생기기도 했습니다. 혼자 일하는 시간이 길거나 특정한 영향으로 자유롭게 움직일 수 없을 때는 다른 사람의 이야기를 귀담아들어 보세요.

　예를 들어 영업직에 종사한다면 새로 만난 클라이언트의 이야기에 귀를 기울이거나 커뮤니티에서 만난 친구에게 관심사를 물어보거나 가족, 친구 등 신뢰할 만한 사람들에게 고민을 털어놓는 것도 좋습니다.

　생활 속에서 조금이라도 '타인의 이야기를 듣고 싶다'라거나 '관심이 있다'라고 느낀다면 그 기분을 외면하지 말고 과감하게 행동으로 옮겨 보세요. 내 안에서 끓어오르는 감정에 솔직해지고 거기서부터 정보를 얻어 나가는 것이 진정한 의미의 인풋입니다.

　'요즘 관심사가 뭐야?'라고 자문하는 습관은 진정한 인풋의 시작점입니다. 이 질문에 명확하게 답할 수 있다는 것은 새로운 정보를 충분히 습득할 준비가 되었다는 증거입니다.

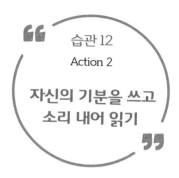

습관 12
Action 2

**자신의 기분을 쓰고
소리 내어 읽기**

'Question 1'에서 소개한 '지금 기분이 어때?'라는 질문을 확
장한 형태의 행동을 소개하고자 합니다.

사람은 누구나 그날그날 기분이 다릅니다. 기대되는 일정이
잡힌 날은 자명종이 울리기도 전에 일어나지만, 껄끄러운 일정
이 잡힌 날은 좀처럼 이불 안에서 나오지 못합니다.

사람들은 자신의 기분을 알지 못한 채 하루를 시작합니다.
'오늘은 별로 의욕이 없어', '그냥 우울해' 정도로 느낄 뿐이지 그
이유를 알려고 하지 않습니다. 어떤 날은 의욕 저하 상태로 회
사에 나가 겨우겨우 일을 마치고 집에 돌아오는 날도 있지요.
이런 생활이 반복되면 내 인생을 산다는 실감이 들지 않습니다.

아침이라는 하루의 시작 지점에 자신의 기분을 파악하고 그 기분에 맞게 목표를 설정하는 것이 중요합니다. 머릿속으로만 안다고 해서 자신의 기분을 안다고 할 수 없습니다. 생각은 눈에 보이지 않아서 자신을 객관적으로 바라볼 수 없기 때문이지요.

우선 노트든 휴대폰 메모장이든 지금 자신이 생각하는 것을 적어 보세요. 사람은 문자화되어 있는 현상을 쉽게 객관화하고 냉정하게 판단하는 경향이 있습니다.

그다음은 자신의 기분을 깊이 이해하기 위해 소리 내어 질문하고, 소리 내어 답합니다. 질문하는 자신과 답하는 자신을 분리하고 지금 가지고 있는 솔직한 생각과 고민, 불안을 토로하며 질문을 반복합니다. 이 과정에서 새로운 사고를 발견할 수 있습니다. 예를 들어 볼게요.

+1분, 아침 1분으로 만드는 괜찮은 하루

포인트는 문제 해결에 이르기 위해 쓰고 소리 내어 읽는 것입니다. 처음에는 쉽지 않겠지만, 자신과의 대화를 반복하는 과정에서 질문하는 힘을 기르다 보면 어느덧 답을 수월하게 끌어낼 수 있습니다.

이 과정을 서너 번 반복해도 답이 나오지 않는다면 잠시 멈춰 보세요. 이때는 'Question 1'에서도 설명한 것처럼 '답을 찾을 수 없다'가 답일 수 있으니까요.

마지막으로 질문의 전체 과정을 다시 한번 소리 내어 읽어 보세요. 소리 내어 읽는 동안 뇌리에 강하게 인풋되어 더 깊이 자신을 들여다볼 수 있습니다.

항상 중용의 자세를 갖는다

나 자신에게 묻고, 마음을 정돈하는 행위를 '뉴트럴 포지션 (neutral position, 균형 잡혀 안정된 상태 – 옮긴이)으로 돌아가기' 라고 합니다.

마음이 진정되지 않거나 머리에서 불안감이 떠나지 않을 때 실수하기 쉽습니다. 불안감에 휘둘리지 않으려면 자기 마음을 정확히 이해하고 컨트롤할 수 있어야 합니다. 자신과의 대화를 통해 평소의 자신을 되찾아 보세요.

비즈니스 상황에서도 뉴트럴 포지션을 유지하는 것이 효율 향상에 도움이 됩니다. 예를 들어 100미터 달리기의 출발 지점에 서 있다고 상상해 보세요. 전력을 다해 달리고 싶다면 몸에 힘을 잔뜩 실어서는 안 됩니다. 이때 과도한 의욕은 오히려 독이 될 수 있습니다. 반대로 너무 의욕이 없어 힘을 빼도 최상의 상태로 출발할 수 없습니다.

최상의 효율을 발휘할 수 있는 상태는 긴장하지 않으면서도 의욕을 갖춘 상태입니다. 아침 시간에 마음을 정돈하고 좋은 상태로 시작하면, 그날의 행동이 바뀌고 하루의 만족도가 달라질 수 있습니다.

무엇보다 뉴트럴 포지션으로 돌아가기 위해 내 기분과 감정을 이해할 수 있는 질문을 종이에 쓰고, 소리 내어 읽는 습관이 필요합니다. 중용의 자세는 평정한 마음에서 온다는 것을 잊지 마세요.

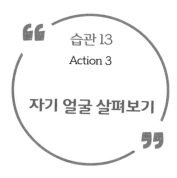

습관 13
Action 3

자기 얼굴 살펴보기

여러분은 아침에 일어나 자기 자신의 얼굴을 살펴보나요?

이렇게 물어보면 '아침에는 시간이 없어서 얼굴 볼 시간이 없다'라는 사람이 의외로 많습니다. 여성은 화장하며 찬찬히 얼굴을 살펴보기도 하지만, 남성은 세수하거나 머리를 손질하는 동안 아주 잠깐 얼굴을 보는 것이 대부분입니다.

얼굴은 마음을 비추는 거울입니다. 상투적인 말이지만, 결코 틀린 말이 아닙니다. 내일 아침에는 의도적으로 얼굴을 살펴보세요. 얼굴에 그날의 에너지값이 뚜렷하게 드러남을 깨닫게 될 겁니다.

아침은 오늘 하루를 어떻게 보낼지 결정하는 중요한 시간입니다.

사람마다 쓸 수 있는 에너지의 정도가 다릅니다. 자신이 가진 에너지의 양을 모르는 상태에서 무리한 목표를 설정하면 실패할 수밖에 없습니다. 100미터 달리기도 벅찬 사람이 마라톤 완주를 목표로 설정하면 당연히 기대한 결과를 얻을 수 없습니다. 우선 자기 얼굴을 살펴보고, 몸과 마음의 상태부터 파악해 보세요.

이 행동은 남성보다는 여성의 실천력이 높습니다. 여성은 화장을 자주 하는 탓에 '오늘 피부 상태는 별로네. 피로가 쌓인 것 같아', '다크서클이 내려온 걸 보니 수면 부족인가?' 하며 피부 상태로 컨디션을 파악하는 일에 익숙합니다.

남성은 유난히 외모에 관심이 있지 않은 이상 '피부 상태를 파악한다'라는 발상 자체를 하기 쉽지 않습니다. 얼굴을 살펴보는 습관을 들이면 어제와 오늘의 얼굴을 비교할 수 있습니다.

예를 들어 '얼굴이 부었네. 어제 과음 탓인가'라는 생각이 들면 '물을 자주 마시고 일찍 집에 가야지'라며 자신의 상태에 적합한 그 날의 목적을 설정할 수 있습니다. 다시 말해 얼굴을 살펴보고 그날의 에너지값을 파악하는 것은 하루를 잘 보내는 데

필수적인 과정입니다.

부끄럽게도 저는 옷을 스스로 고르지 못합니다. 혼자 옷을 고른다고 해도 아내가 '이 바지에는 저 상의가 어울리지 않아?', '오늘은 세미나가 있으니까 정장이 어때?'라고 말하는 사이 어느새 아내가 골라준 옷을 입고 나가는 것이 습관이 되었습니다.

어느 평범한 아침, 아내가 옷을 고르는 기준을 알게 되었습니다. 그날 아침도 어김없이 아내와 함께 전신 거울 앞에서 입을 옷을 정하는데, 문득 아내가 제 얼굴색과 컨디션 전반을 고려해 옷을 고르고 있다는 것을 깨달았습니다.

오늘은 얼굴이 초췌해 보이니까 활력이 넘쳐 보이는 색이 좋겠어.
요즘 바빠서 예민하니까 편안하고 긴장을 풀어줄 만한 소재
와 색상을 고르자.

아내는 무의식중에 행동했겠지만, 이때 비로소 아침에 얼굴을 살펴보는 것이 중요함을 새삼 깨달았습니다. 실제로 피곤할 때 어두운색 옷을 입으면 더 칙칙해 보이고, 밝은색 옷을 입으면 표정도 밝아 보여 덩달아 기분까지 좋아지는 효과를 얻을 수 있습니다.

의식적으로 '지금 표정이 어때?'라고 묻기

바쁜 아침에 얼굴을 살펴보는 것은 좋은 습관입니다.

기분은 괜찮은데 의외로 피로나 스트레스가 쌓여 있다는 것을 알아차리지 못하는 사람도 많습니다. 그러나 아침에 드러난 얼굴은 정직합니다. 거울 속 얼굴을 보며 '지금 표정이 어때?'라고 질문해 보세요. 답을 찾기 위해 더욱 꼼꼼히 살펴볼 수 있을 겁니다.

하루의 목표는 인생의 목표로 이어지는 첫걸음입니다. 그 한 걸음을 잘못 내딛지 않도록 먼저 자신의 상태를 꼭 살펴보세요.

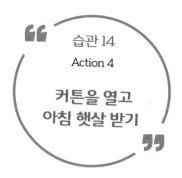

습관 14

Action 4

**커튼을 열고
아침 햇살 받기**

가벼운 아침 운동이 습관이 된 것은 3년 전부터였습니다.

따듯하고 화창한 날에는 수영을 하고, 추운 날은 산책하며 이삼십 분 정도 몸을 움직입니다. 그러면 밤새 곤히 잠든 세포가 건강하게 기지개를 켜는 기분을 느낄 수 있습니다.

저는 어려서부터 올빼미형 인간으로 살아온 탓에 지금도 아침에 눈을 뜨기 힘듭니다. 그런 저도 침실 커튼을 열고 온몸으로 햇살을 받으면 저절로 눈이 떠집니다. 제 자명종은 시계가 아니라 아침 햇살입니다. 아침 햇살이 주는 이점은 다양한 연구를 통해서도 밝혀졌습니다.

요컨대 아침 햇살은 체내시계를 정돈하고, 부교감신경과 교감신경의 전환을 원활하게 합니다. 그런데 그보다 큰 이점은 '행복 호르몬'인 세로토닌의 분비를 촉진한다는 것입니다.

아침에는 스트레스 호르몬인 코르티솔의 분비량이 하루 중 가장 높으므로, 세로토닌의 분비를 촉진해 코르티솔 분비량이 저하되도록 만들어야 합니다. 행복한 기분으로 하루를 시작하고 싶다면 아침 햇살을 듬뿍 받아 보세요. 기분을 상쾌하게 만드는 가장 간단하고 효과적인 방법입니다.

온종일 커튼을 열고 지내고, 잘 때도 커튼을 치지 않는 습관을 가진 분도 있을 겁니다. 그러나 수면 환경은 어두운 것이 좋습니다. 자칫하면 몸이 아침을 인식하지 못해 원활한 자율신경 전환을 방해할 수도 있기 때문입니다. 아침에 일어나 커튼을 여는 습관을 들여 보세요. 몸이 활성화되어 기분까지 밝아지는 것을 실감할 수 있을 겁니다.

저는 가볍게 운동하고 샤워를 마친 다음 (3부에서 소개할) 생산성 시트를 작성합니다. 이전에는 아침에 일어나자마자 생산성 시트부터 썼는데, 가벼운 운동과 샤워 후가 더 잘 써진다는 느낌이 들었습니다. 아침 햇살과 운동으로 뇌가 활성화되었다는 증거겠지요. 이후로는 '운동⇒샤워⇒생산성 시트 작성'의 순서로 아침 습관을 들였습니다.

이 책을 읽고 있는 분 중에도 저처럼 아침이 힘든 분이 계실 겁니다. 그런 분들은 햇살 받기나 운동과 같은 과학적으로 증명된 유익한 습관을 들이고, 기존 생활을 점검해 보기를 추천합니다.

아침 식사는 억지로 하지 않아도 된다

저는 아침에 밥, 빵, 과일 등 씹어서 먹는 음식을 먹지 않습니다.

끓인 물을 마셔 위를 따뜻하게 한 후 그날의 몸과 대화를 나누며 따뜻한 음료나 꿀을 섭취합니다. 통상적인 아침 식사를 하지 않는 이유는 열 살 무렵부터 아침을 먹지 않는 생활이 습관으로 자리 잡았기 때문입니다. 이제는 아침밥을 챙기지 않는 게 평생 습관이 된 것 같습니다.

아침 식사를 둘러싼 찬반 의견은 여전히 팽팽합니다. '아침 식사는 하루의 에너지원이므로 반드시 먹어야 한다'라는 입장도 있고, '현대인은 너무 많이 먹고 있으니 하루 두 끼만 먹어도 충분하다'라는 입장도 있습니다. 과연 어느 쪽이 정답인지는 알 수 없습니다.

정보화사회를 사는 현대인은 과연 '어느 쪽이 합리적이고, 옳은가'라고 의문을 던질 수 있습니다. 또렷하게 정답이 없는 문제일수록 주체적으로 생각하는 힘을 길러 보세요.

저는 아침 식사를 하지 않았을 때 컨디션이 훨씬 좋습니다.

열 살 때부터 몸소 실험을 통해 얻은 결과나 다름없기에 아침을 안 먹기로 선택했습니다. 다양한 정보 중 하나를 선택할 때는 '자신에게 맞는지 아닌지'를 판단 기준으로 삼는 습관이 힘을 발휘합니다.

주체적으로 선택하는 습관은 정보에 휩쓸리지 않고 나답게 살 수 있는 비결입니다.

+1분, 아침 1분으로 만드는 괜찮은 하루

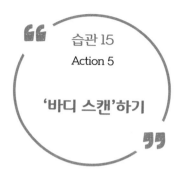

'바디 스캔'하기

'중요한 일정이 있는데 늦었다!'

이런 불상사가 일어나지 않는 이상 홀가분하게 이불을 박차고 잠자리에서 일어나는 사람은 드물 겁니다. 저는 눈은 떴지만, 몸을 일으키지 않았을 때 침대 위에서 몸 상태를 확인합니다. 온몸을 CT로 스캔하듯 머리부터 발끝까지 천천히 의식하며 몸이 들려주는 소리에 귀를 기울입니다.

몸 곳곳에 의식을 기울이면 '왼쪽 무릎이 욱신거린다'라거나 '목이 당긴다'와 같은 몸에서 들려오는 소리를 들을 수 있습니다. 몸이 들려주는 소리를 인식하고 나면 '오늘은 구두 대신 무릎에 부담을 주지 않는 스니커즈를 신고 나가야지', '마사지 예

101

약을 해서 목의 긴장을 풀어야겠어'와 같이 상황에 대처할 계획이 생깁니다.

대부분 아침에 일어나 몸 상태를 의식하는 과정 없이 하루를 시작합니다. 몸이 전과 다르지 않다는 것을 느꼈어도 무의식중에 '곧 낫겠지' 하며 평소와 다름없이 지냅니다.

몸의 변화에 관심을 기울이지 않고 평소대로 행동하다 보면 반드시 대가를 치르게 됩니다. 서서히 증상이 심해져 점심이 지나거나 밤이 되어서야 통증을 알아차립니다. 그때는 이미 병원 신세를 져야 할 정도로 몸이 나빠진 상태일 수도 있습니다.

아침 시간에 몸의 변화를 알아차려 증상이 가벼운 단계에서 자기 힘으로 회복할 수 있도록 대처하는 것이 중요합니다. 저는 아침에 일어났을 때 종종 두통을 느낍니다. 이유 없이 두통을 느끼면 평소보다 크게 심호흡하거나 산소 영양제를 먹습니다. 그러고 나면 이내 두통이 사라져 상쾌한 기분으로 하루를 시작할 수 있습니다.

물론 아침이 아니어도 몸 상태를 살펴보는 일을 실천할 수 있습니다. 밤에 잠들기 전이나 낮잠을 잘 때처럼 몸을 뉘었을 때는 되도록 몸이 들려주는 소리에 귀를 기울이는 것입니다. 우리의 몸은 건강한 상태에서 벗어나면 반드시 신호를 보냅니다. 그 신호를 적기에 알아차려야 합니다.

몸이 들려주는 소리에 귀를 기울이는 것을 '바디 스캔(body scan)'이라고 합니다. 이 습관이 몸에 배면 '지금 자세로 작업을 하다가는 몇 시간 후 허리가 아플 거야', '손끝이 찬데 빨리 몸을 녹이지 않으면 감기에 걸리겠어'라는 식으로 몸의 변화를 예측할 수 있습니다.

저는 바디 스캔이 습관이 되었습니다. 그래서 오늘 저녁 컨디션이 좋지 않으면 '내일 아침에 머리가 아플 것 같다'라는 예감이 듭니다. 그러면 크게 심호흡하거나 안정 효과가 있는 아로마 향초를 켜 대책을 세웁니다.

몸이 들려주는 소리에 귀를 기울이는 습관이 들면 자연스럽게 상황에 맞는 대처 방법도 몸에 배게 됩니다. 만성 어깨 결림이 있다면 일주일에 한 번 마사지를 받거나, 평소에 어떤 스트레칭이 어깨 결림에 도움이 되는지를 스스로 알아보는 습관이 생깁니다. 이러한 행동들이 진정한 의미에서 자신을 돌보는 것입니다.

매일 아침 허둥대는 사람일수록 아침에 일어나 '지금 몸 상태가 어때?'라고 자신에게 질문해 보세요. 이 질문에 답을 하기 위해 몸으로 의식이 향하고 자연스럽게 몸을 돌보는 행동을 취하게 될 겁니다. 몸 상태가 좋지 않으면 무엇을 하든 효율이 떨어집니다.

내 몸의 변화를 알아차릴 수 있는 사람은 오직 나 자신뿐입니다. 설령 가족이나 배우자가 곁에 있어도 내 몸의 통증이나 변화는 자신만이 알아차릴 수 있습니다.몸의 변화에 주의를 기울이지 않은 대가는 그 누구도 대신 치뤄주지 않습니다.

언제든 자기 몸에 의식을 기울이는 바디 스캔으로 상태를 점검해 보세요. 자기 몸을 살뜰히 보살피는 사람에게 큰 행운이 찾아옵니다.

+1분, 아침 1분으로 만드는 괜찮은 하루

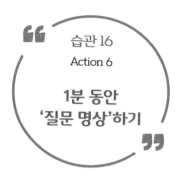

습관 16

Action 6

**1분 동안
'질문 명상'하기**

2년 전 좌선의 매력을 알게 되었습니다.

그 덕분에 지금은 정기적으로 좌선을 실천하고 있습니다. 그래봤자 눈을 감고 조용히 앉아 있을 뿐이지만요. 좌선이란 자세를 바르게 하고 앉아 정신을 통일하여 자기와 마주하는 불교식 수행법입니다. 최근에는 좌선 체험 이벤트가 열릴 정도로 남녀노소 모두의 관심을 받고 있습니다.

좌선과 더불어 인기를 얻고 있는 것이 명상입니다. 전 세계적으로 명성을 떨친 성공한 사람들이 명상을 즐겼다는 사실이 세상에 알려지면서 많은 사람이 명상을 시도했습니다. 그래서인지 명상을 체험해 본 사람은 드물지 않지만, 정기적으로 실천하는 사람은 희소합니다.

다양한 명상 방법 중 일반적으로 알려진 방법은 일정한 안내에 따라 눈을 감고 따라 하는 겁니다. '머릿속을 무(無)의 상태로 비우세요', '이마의 차크라에 집중하세요'와 같은 안내를 실행하는 것이지요. 그런데 명상을 체험한 사람 중에는 '머릿속을 비우라는 말에 오히려 잡념이 생겨 명상에 집중하지 못했다'라는 반응도 적지 않습니다.

예전에 교토에서 명상 수업에 참여했습니다. 당시 주지 스님이 영어로 명상 수업을 진행하는 바람에 말의 의미를 정확히 이해하지 못했습니다. 그러나 말뜻을 이해하지 못한 덕분에 일본어로 진행하는 명상보다 한결 집중이 잘 되었습니다.

그때 깨달았습니다. 명상은 머릿속을 비우는 것이 아니라 무언가에 집중하는 것임을, 그래야 잡념을 사라지게 할 수 있음을 말입니다. 여기서 고안해 낸 것이 '질문 명상'입니다.

질문 명상은 한 가지 질문을 반복해서 되뇌는 명상법입니다. 자신에게 질문을 반복하며 머릿속 잡념을 지우고 자신과 마주할 수 있는 새로운 명상법입니다. 이 방법을 활용하면 머릿속을 비워야 한다는 부담 없이 누구나 쉽게 내면에 집중할 수 있습니다.

질문 명상을 할 때는 '지금 자신이 얻고자 하는 것'을 찾기 위한 질문을 반복하세요. 예를 들어 '요즘 나다움을 잃어버린 것 같다'라고 느꼈다면 '나답게 살려면 어떻게 해야 하지?'라는 질문을 반복합니다.

주의할 점은 무리하게 답을 찾아서는 안 된다는 것입니다. 그저 마음속으로 질문을 되뇌기만 해도 됩니다. 그러는 동안 신기하게도 나다움을 되찾기 위해 무의식중에 행동하는 자신과 마주하는 순간이 찾아옵니다.

사람의 뇌는 한 가지에 집중하면 다른 것을 생각하지 않는 경향이 있습니다. 질문 명상을 통해 머릿속의 잡념을 들어내 보세요. 이제까지 경험하지 못한 새롭고 창조적인 생각이 떠오를 겁니다.

저는 아침에 일어나 조바심을 느낄 때 주로 질문 명상을 합니다. 1분간 진행하는 질문 명상을 통해 생각을 정리하고 차분한 마음을 되찾습니다.

의식적으로 천천히 숨을 내쉰다

질문 명상을 할 때 필요한 것이 호흡입니다.

명상이 대중화되며 다양한 호흡법이 알려졌습니다. 그러나 '4초 들이쉬고 4초 참고 8초 동안 내쉬기', '6초 동안 복식 호흡하기' 등 다양한 호흡법 중에 어떤 것이 자신에게 맞는지 모를 때가 있습니다.

자신에게 딱 맞는 호흡법이 뭔지 모를 때는 질문 명상을 하며 숨을 천천히 내쉬는 것에만 의식을 기울여 보세요. 모든 인간은 누가 가르쳐 주지 않아도 호흡할 수 있습니다. 숨을 내쉬면 저절로 숨을 들이쉬게 되는 법이지요. '몇 초 들이쉬고 몇 초 내쉰다'라는 규칙이 있으면 시간을 재는 일에 의식이 향하지만, 내쉬는 것에만 의식을 기울이면 누구나 쉽게 따라 할 수 있습니다.

아침에 마음이 안정되지 않는다고 느낀다면 1분 질문 명상과 내쉬는 호흡에만 집중하세요. 시간의 속도가 천천히 흘러가는 느낌을 받을 수 있을 겁니다.

+1분, 아침 1분으로 만드는 괜찮은 하루

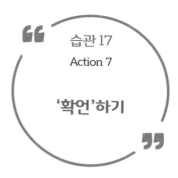

습관 17
Action 7

'확언'하기

인간의 언어에는 강한 힘과 잠재력이 있습니다.

긍정적인 말은 긍정적인 기운을 불러일으킵니다. 그래서 흔히 이루고자 하는 목표와 바람을 종이에 적어 책상이나 벽에 붙이거나 좋아하는 글귀가 적힌 영상을 휴대폰 대기화면으로 하곤 합니다. 우리는 왜 이런 행동을 하는 걸까요? 바로 말의 힘을 믿기 때문이지요.

저 역시 말이 가진 고유한 힘에 여러 번 도움을 받고, 다양한 경험을 통해 말은 가늠할 수 없는 에너지의 원천이라고 믿게 되었지요. 그 힘을 최대한 활용하고자 바라고 원하는 나의 모습을 종이에 적어 몸에 지니고 다니며 산책하러 가기 전이나 휴식 시간에 읽는 것을 루틴으로 삼고 있습니다.

아침에 일어나 자연의 에너지를 받아들인 나는 창의성을 발휘
해 오늘도 새로운 것을 만들어 낼 수 있다. 나는 에너지 넘치
는 몸을 가졌으며 그것을 늘 의식함으로써 다시 새로운 에너
지를 만들어 낼 수 있다.

이런 식으로 자신이 생각하는 이상적 모습을 문장화하여 눈
과 귀로 인식하면서 잠재의식에 주입합니다. 이 작업을 '확언
(Affirmation)'이라고 합니다.

확언은 긍정적인 말을 선언하며 이상적인 자신을 이끌어 내
는 방법입니다. 자기 내면에 자리한 에너지를 끌어올리는 문장
을 적고, 소리 내어 읽는 과정을 통해 스스로 그 에너지를 받아
들여 자기 성장을 이룰 수 있다는 의미입니다.

자기계발 분야에서는 자주 다루는 성장법이므로 확언에 익숙
한 분들도 적지 않겠지요. 아직 '확언'을 경험하지 않았다면 꼭
실천해 보시기 바랍니다.

말과 동등한 힘을 가진 것이 '감사'입니다.

감사에는 모든 에너지의 원천이며 보이는 세계를 변화시키는 힘이 있습니다. 예를 들어 지금 여러분이 당연하게 입고 있는 옷에 '감사'의 필터를 끼워 보세요. 옷을 디자인한 사람, 판매한 업체, 천을 만든 사람들의 공동 작업으로 완성된 소중한 '작품'이라는 깨달음을 얻게 될 겁니다.

그러나 우리는 감사의 마음을 곧잘 잊어버리곤 합니다.

'Question 7'에서도 말했듯이 감사의 마음을 잊으면 초조와 오만과 같은 부정적 감정에 휘둘리게 됩니다.

감사하는 마음을 잊지 않고 유지하는 데는 감사하는 마음을 적고 소리 내어 읽는 습관이 중요합니다. 감사한 마음을 기록하고, 그 마음을 말로 표현하는 습관을 생활 속에서 실천해 보세요.

아침 일찍 일어나 자연의 에너지를 받아들인 나는 창의성을 발휘하여 오늘도 새로운 것을 만들어 낼 수 있었다. 평범한 일상에 감사하고 그 마음을 전한다. 지금 이 글을 읽고 있는 나에게 감사하고, 사랑하는 아내에게 감사한다.

실제로 제가 읽는 아침 확언의 글입니다. 이처럼 내 안에서 우러나오는 감사의 말을 적고, 자신에게 들려주듯이 매일 아침 소리 내 읽어 보세요. 조바심이 사라지고 새로운 관점과 새로운 가치관이 자리를 잡을 겁니다.

'말'과 '감사'는 성공을 이루고 바람직한 인간관계를 쌓기 위해서도 꼭 필요합니다. 이를 의식하느냐 하지 못하느냐에 따라 여러분의 인생이 달라집니다. 누구도 아닌 나 자신만의 독자적인 인생을 살기 원한다면, 자신이 바라는 이상적인 모습과 감사하는 마음을 적어 소리 내어 읽는 습관을 가져 보세요.

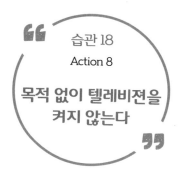

습관 18
Action 8
**목적 없이 텔레비전을
켜지 않는다**

몇 년 전부터 텔레비전을 보지 않습니다.

집에도 텔레비전이 없고, 숙박 시설이나 가까운 지인의 집에
가도 텔레비전을 보지 않습니다. 저희 가족에게는 당연한 일이
되었지만, 텔레비전을 보지 않는다고 말하면 의외로 놀라는 사
람이 많아 오히려 제가 겸연쩍어질 정도입니다.

텔레비전을 보지 않는 이유는 정보를 수동적으로 얻고 싶지
않아서입니다. 정보가 넘치는 시대에는 자칫 무분별하게 정보
를 받아들이는 인간이 되기 쉽습니다. 무턱대고 정보를 받아들
이면 내면의 중심이 흔들릴 뿐만 아니라 정보의 옳고 그름을 판
단하지 못하게 됩니다.

애초에 협찬과 광고 수입으로 제작되는 TV 프로그램은 세상을 이롭게 하는 정보보다는 기업이 알리고 싶어 하는 정보를 송출합니다. 이렇듯 비판적으로 미디어를 바라볼 필요가 있습니다. 마음을 어지럽히는 정보에 휘둘려 허우적대는 제 모습을 본 순간부터 텔레비전을 멀리하기로 마음먹었습니다.

여러분도 한 번 곰곰이 생각해 보세요. 쌍방향의 소통 없이 일방적으로 쏟아내듯 송출되는 미디어의 정보가 여러분에게 꼭 필요한 것인가요? 만일 평소에 아무 생각 없이 텔레비전을 켜고 무의미하게 티브이 채널을 돌리는 일이 일과가 되었다면, 아침에 깨끗이 비운 뇌에 쓸모없는 정보를 밀어 넣고 있는 것입니다.

이는 여러분이 원하는 인생을 만들어 나가는 데 아무런 쓸모없는 습관입니다.

자신에게 필요한 정보를 받아들이자

텔레비전 자체를 부정하는 것은 아닙니다.

예를 들어, 개그를 좋아하는 사람은 코미디 프로그램을 보며 스트레스를 해소할 수 있습니다. 좋아하는 아티스트가 출연하는 음악 프로그램이 있다면 찾아볼 수도 있겠지요. 예능 프로그램이나 정보 제공 프로그램 중에도 양질의 재미를 주거나 쓸모 있는 정보를 주는 경우도 적지 않습니다.

중요한 것은 자신에게 필요한 것을 선택하는 힘입니다. 그 선을 지키기 위해 '지금 이 상황에서 그 정보가 필요해?'라고 자신에게 물어보세요. '필요하다'라고 답했다면 그 정보를 받아들이면 됩니다.

비단 텔레비전에만 해당하는 이야기가 아닙니다. 인터넷이나 잡지, SNS 등 각종 미디어를 이용할 때도 마찬가지입니다. 무엇을 보든 어떤 정보를 얻든 스스로 선택해서 받아들여야 한다는 것을 잊지 말아야 합니다.

조금 다른 이야기지만 저는 아주 긴급한 용건이 아니면 휴대전화를 사용하지 않습니다. 가족과도 평소에는 메신저나 채팅으로 대화를 나눕니다. 해외에 머무는 경우가 많아 시차 문제도 있지만 이럭저럭 10년 전쯤부터 휴대폰의 통화 기능을 거의 사용하지 않습니다. 일단 전화를 받으면 하던 일이 중단되기 때문입니다.

예를 들어 '10~12시까지는 작업을 마무리한다'라는 계획을 세우고 일에 집중하고 있었는데, 업무 관계자에게 전화가 온다면 여러분은 어떻게 하겠습니까? 대부분 아무 생각 없이 서둘러 전화를 받으려고 할 겁니다. 전화 통화가 길어지면 하던 일이 아닌 다른 일에 정신을 뺏길 수도 있고, 시급히 처리해야 할 일이 발생해서 계획이 흐트러질 수도 있습니다.

일하는 방식에 따라 얼마든지 자신을 중심에 두고 행동할 수 있습니다. 무엇보다 디지털 기기에 휘둘리지 않겠다는 마음가짐이 중요합니다.

+1분, 아침 1분으로 만드는 괜찮은 하루

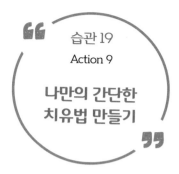

나만의 간단한
치유법 만들기

제 아침 일과 중 하나는 세이지 향을 피우는 것입니다.

세이지는 마이너스 이온을 방출해 놀랍게도 알레르겐을 중화시키는 작용을 합니다. 세이지의 탁월한 능력에 반해 몇 해 전부터 이 향을 사용하고 있습니다.

향 피우기는 방안의 기를 정돈하기 위한 아침 습관으로 자리 잡았습니다. 뇌에 '아침은 곧 세이지'라는 정보가 각인되었고, 세이지 향을 맡으면 자동으로 눈이 떠지는 선순환 효과를 보고 있습니다. 세이지 향은 아침이 힘든 제게 기상나팔과 같은 역할을 합니다.

전날의 피로와 스트레스가 풀리진 않은 채로 아침을 맞이하는 사람도 많습니다. 과학적인 관점에서 보면 사람의 뇌는 자는 동안 초기화됩니다. 그런데도 어제의 기분이 오늘로 이어진다면 스스로 그 기분을 선택했다고밖에 설명할 수 없겠지요.

어제의 나와 오늘의 나를 분리하고 싶나요? 그렇다면 아침에 부담 없이 실천할 수 있는 나만의 치유법을 찾아 루틴으로 만들어 보세요.

아침에 반드시 클래식을 듣는 지인이 있습니다. 여러 연구를 통해 밝혀진 것처럼 고전음악 감상에는 긴장 이완 효과, 집중력 향상 등 다양한 이점이 있습니다. 좋아하는 음악을 듣는 것은 장소와 시간에도 구애받지 않고 여행지에서도 가볍게 실천할 수 있는 실용적이고 고상한 취미입니다.

아침마다 클래식을 듣는 지인은 기분에 따라 곡을 바꿉니다. 힘을 내고 싶은 날은 베토벤의 교향곡을, 마음을 안정시키고 싶은 날은 모차르트의 피아노 소나타를 듣는다고 합니다. 아침마다 원하는 음악을 고르는 것은 자신의 기분을 알고, 원하는 자기 모습을 명확히 이해하고 있을 때 가능한 행동입니다.

긴장 해소에 탁월한 캔들 사용법

저는 편안한 상태가 되고 싶을 때 주로 캔들을 사용합니다.

밝은 빛을 선호하지 않는 편이라, 밤에는 될 수 있으면 따뜻한 느낌의 조명이나 캔들로 실내를 비춥니다. 흔들리는 촛불을 보고 있노라면 저절로 긴장이 풀어집니다.

캔들 불빛은 수면 호르몬인 멜라토닌의 분비를 촉진합니다. 취침 전에 촛불을 켜 두면 뇌가 서서히 수면 상태에 빠져들어 잠들기 수월해집니다. 평소에 수면의 질이 좋지 않다면 적어도 취침 두 시간 전에는 형광등과 같은 눈부신 조명을 피하고, 간접조명 등을 사용하여 방안을 조금 어둡게 만들어 보세요.

휴대폰이나 텔레비전, 태블릿 등에서 나오는 블루라이트는 멜라토닌을 억제하여 뇌를 각성시킵니다. 가능하면 취침 두 시간 전에는 디지털 기기의 전원을 꺼 두세요. 깊게 자고 개운하게 일어나기 위해서는 디지털 세상과 일정 부분 거리를 두어야 합니다.

아침에도 부러 촛불을 켤 때가 있습니다. 캔들의 가장 큰 매력은 '시간의 흐름을 바꿀 수 있다'라는 점입니다. 바쁜 아침에 캔들을 사용하는 사람은 드물겠지만, 그럴 때일수록 캔들을 켜는 행위에 의식을 온전히 집중하고, 잠시 시간의 흐름을 멈추게 하는 것이 중요합니다. 시간의 흐름이 바뀌면 평온하고 안정된 시간이 시작되니까요.

다양한 향초가 판매되고 있어 아침 기분에 따라 향을 선택할 수 있습니다. 뇌를 편안하게 하거나 집중하고 싶을 때는 '라벤 더', 마음에 여유가 없을 때는 '일랑일랑', 마음을 차분하게 하고 싶을 때는 '페퍼민트'가 어울립니다. 자신의 기분에 맞춰 적절한 향초를 선택해 아침을 열어 보세요.

나만의 치유법은 많으면 많을수록 좋습니다. 치유법을 찾을 때는 앞에서 말한 플레저 리스트가 도움이 됩니다. 아침, 점심, 저녁으로 나눠 플레저 리스트를 작성하고, 확실하게 실천할 수 있는 치유법을 찾아 그것을 루틴으로 만들어 보세요.

아침을 여는 나만의 치유법이 있느냐 없느냐에 따라 여러분의 하루는 완전히 달라질 거라 확신합니다.

+1분, 아침 1분으로 만드는 괜찮은 하루

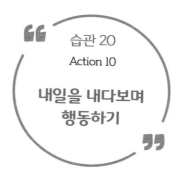

습관 20
Action 10

**내일을 내다보며
행동하기**

　최상의 컨디션으로 하루를 시작하고 싶다면, 전날 밤 마인드
셋을 하기를 권합니다.

　잠들기 전 마인드셋은 아침 시간을 더욱 효과적으로 보내는
특효약입니다. 프롤로그에서도 이야기했듯이, 창업한 지 얼마
되지 않았을 때는 사회인으로서 부족한 자질을 매일 반성했습
니다. 지금과 비교할 때 확연히 다른 점은 그때는 당일 아침이
되어서야 업무 일정을 확인했다는 점입니다.

　'망했다! 5분 후에 회의가 있어.'

　아침에 일어나 그날의 일정을 확인하다 보니 비슷한 실수가
잦았습니다. 여러 번 실수를 반복하며 전날 미리 준비하는 것의

중요성을 깨달았습니다.

이후로는 다음 날 일정을 전날 밤에 반드시 확인했습니다. 그리고 잠들기 전에 '내일은 어떤 하루를 보내고 싶어?', '아침에 일어나면 어떤 기분이면 좋을까?'라고 자문했습니다. 신기하게도 다음 날 아침이 되니, 전날 밤 물었던 질문의 답이 막힘없이 술술 나왔습니다.

이 경험을 계기로 아침 시간을 충분히 활용하려면 전날 밤을 효과적으로 사용해야 한다는 것을 실감했습니다.

'좋았던 일'을 찾아 긍정적 기분 만들기

'전날 밤 질문하기'에서 주의할 점은 부정적 질문을 건네지 않는 것입니다.

예를 들어 잠들기 전 '내일은 힘든 날이 될 것 같다', '내일 프레젠테이션에서 결과가 좋지 않으면 어떡하지?'와 같은 생각은 부정적인 나비효과를 불러일으킵니다. 다음 날 아침에도 불길한 생각을 하며 눈을 뜰 가능성이 크기 때문입니다.

질문에는 초점을 바꾸는 기능이 있습니다. 생각의 초점, 즉 관점을 어디에 맞추느냐에 따라 최고의 날이 될 수도 있고 최악의 날이 될 수도 있습니다.

아이가 학교에서 돌아왔을 때 '오늘 어땠어?'라고 물으면 아이는 '별거 없었어'라고 시큰둥하게 대답합니다. 그런데 '오늘은 어떤 좋은 일이 있었어?'라고 물으면 오늘 좋았던 일을 찾아 대답할 가능성이 큽니다.

'어떤 좋은 일이 있었어?'라는 질문에는 좋았던 일이 있었을 것이라는 전제가 깔려 있기 때문이지요. 사소한 문구의 차이로 대답이 달라진다니 신기하지 않나요?

만약 부정적 생각으로 밤을 보내고 있다면 '오늘은 어떤 좋은 일이 있었어?'라고 자신에게 물어보세요.

'오늘은 ○○ 선배에게 잔소리를 들어서 우울했는데 △△ 선배가 위로해 줬어.'

'오늘은 바빠서 힘들었지만 일이 끝나고 시원하게 맥주를 마셨어.'

이렇게 하루 중 '좋았던' 일을 찾아내면 생각이 긍정적으로 전환됩니다.

긍정적인 마음을 되찾았다면 이번에는 그 상태로 '내일은 어떤 하루를 보내고 싶어?'라고 물어보세요. 이 질문은 내일을 준비하는 질문으로 이어집니다.

'내일을 위해 오늘 해 둘 일이 있을까?'

'오늘 밤 남은 시간을 효과적으로 사용하려면 무엇을 해야 하지?'

이 질문에 대한 답이 나왔다면 내일이 오기 전에 그 일을 끝내 보세요. 아침 시간을 효과적으로 사용하려면 전날 밤의 질문이 중요합니다. 매일 할 수 없다면 여력이 있을 때만이라도 밤 시간을 의도적으로 사용해 봅시다.

미래를 만드는 계획을 습관화한다

'연락 리스트' 만들기

누구에게나 그날 처리해야 하는 과제가 있습니다.

작은 과제부터 큰 과제까지 여러 과제가 산적해 있을 때는 무턱대고 일하기보다는 전략적으로 움직여야 합니다. 예컨대 큰 과제를 해결하는 데는 시간이 오래 걸리므로 '몇 시에 하겠다'라는 계획을 미리 짜 놓는 것이 좋습니다.

단 '○○씨에게 ×× 의뢰하기' '△△ 예약하기'와 같은 타인과의 커뮤니케이션이 필요한 과제는 계획표에 넣지 말고 별도 리스트로 관리하세요.

저는 해야 할 일을 작성한 목록인 '투두리스트(To Do List)'에 그날 해야 할 일은 모두 적었습니다. 그러나 수행 과제의 성격에 따라 일을 분리하는 것이 중요하다는 것을 발견했습니다. 예를 들어 '거래처에 연락한다'는 과제는 대개 시간이 오래 걸리지 않지만, 행정 문서 작성 등 다른 유형의 업무와 뒤섞이면 생산성이 떨어진다는 것을 깨달았습니다.

투두리스트와는 별도로 연락 업무만을 모아둔 '연락 리스트'를 작성했습니다. 예를 들어 '××씨에게 받은 메일에 답장하기', '라인 메신저로 △△씨에게 ×× 전달하기'와 같이 당일 연락해야 할 과제를 별도로 관리했습니다. 이렇게 리스트를 분리하자 연락사항이 누락될 일도, 혼란스러울 일도 없이 우선도가 높고 큰 과제에 순조롭게 집중할 수 있었습니다.

비즈니스 상황에서도 연락 관련 업무를 처리하느라 최우선 업무에 지장을 주는 경우를 흔히 볼 수 있습니다. 보통 회사에 출근하면 컴퓨터를 켜고 먼저 메일부터 확인합니다. 메일을 확인하고, 받은 메일에 답장하는 데만 몇 시간이 걸리기도 합니다. 시간에 쫓기며 메일로 소통하다 정작 오늘 해야 할 일은 뒷전이 됩니다. 평소에 '일이 끝나지 않는다', '저녁 무렵이 되어 오늘 할 일을 시작했다'라는 사람은 연락 관련 업무에 쫓기고 있을 가능성이 큽니다.

인간의 뇌는 타인과 소통할 때와 집중해서 일할 때, 각각 다르게 작동합니다. 집중해서 일을 처리할 때는 몰입과 창의력이 필요하지만, 거래처에 연락할 때는 커뮤니케이션 능력이 필요합니다. 애초에 사용하는 능력이 다른 과제를 같은 부류로 인식해 처리하는 것은 생산성을 저해하는 원인이 됩니다.

연락 리스트가 생산성과 신뢰도를 높인다

총괄 업무가 많은 사람은 연락 리스트를 만들어 주 업무와 별도로 관리하기를 권합니다.

이때 연락할 사람과 사용할 툴을 함께 적어 놓으면 빠르게 알아차릴 수 있고, 작업하기도 수월합니다. 예를 들면 이렇게 적어 둡니다.

- ◆ 클라이언트 △△(메일)
- ◆ 기획과 ×× 부장(채팅)
- ◆ ○○ 선배(라인)
- ◆ ×× 사원(메신저)

흔히 '일이 빠르면 회신도 빠르다'라고 평가합니다. 그러나 속도만 빠르고 내용에 실수가 있다면 오히려 낮은 평가를 받을 수도 있습니다. '빠르다'라는 기준도 저마다 다릅니다. 전날 온 메일에 대한 회신을 다음 날 한다고 해서 느리다고 핀잔을 듣는 것도 아닙니다.

하루가 시작되는 가장 이른 시간대에 연락 리스트를 만드는 습관을 가져 보세요. 이 습관이 자리를 잡으면 연락받는 사람은 '그 사람은 저녁까지는 반드시 회신을 준다', '늘 점심이 지나야 메일을 확인하니까 그 사이 답이 오겠지'라고 예측할 수 있어 신뢰가 두터워질 수 있습니다.

연락 리스트는 일 이외에도 적용할 수 있습니다. 식당 예약하기, 항공권 예약하기, 부동산에 전화하기, 친구에게 답장하기 등 소소한 생활의 일도 메모해 두세요.

오늘 해야 할 큰 과제에 집중하기 위해 반드시 실천해 보시기 바랍니다.

습관 22
Plan 2
'하지 않아도 되는 일'
정하기

우리는 늘 두 가지 유혹을 견디며 살아갑니다.

첫째는 '당근의 유혹'입니다. '할 일이 있지만 피곤하니까 하지 말자', '나가야 하지만 귀찮으니까 가지 말자'와 같은 내면의 소리를 떠올려 보세요. 보상심리를 기반에 두는 당근의 유혹은 우리 내면에 항상 도사리고 있습니다.

둘째는 '채찍의 유혹'입니다. '오늘 안에 자료를 만들어라', '다음 달 회의 준비는 토요일까지 해라'와 같은 말을 회사에서 자주 듣습니다. 직속 상사나 거래처의 의뢰에 익숙해지다 보면, 어느새 주도적으로 일하는 방법을 잃게 됩니다.

주체적으로 살지 못하는 사람은 이 두 가지 유혹에 늘 휘둘립니다. 안타깝게도 이런 분들은 당당하고 현명하게 자신의 인생을 살고 있다고 말할 수 없습니다.

예를 들어 '졸려서 출근하기 싫다'라는 당근의 유혹에 넘어가면 회사에도 다닐 수 없게 됩니다. 기껏 출근했어도 상사나 선배에게 '이것부터 먼저 해', '이 자료에 오류가 있었어. 제대로 해'와 같이 수동적으로 업무 지시를 받고 꾸중만 듣는다면 그 사람은 채찍의 유혹에 휘둘리고 있는 것입니다.

두 가지 유혹에 휘둘리며 행동하는 사람은 자신에게도 타인에게도 늘 지고만 있는 셈입니다. 이 유혹들에 넘어가지 않도록 평소에 의지를 강하게 다져보세요. 먼저 '유혹당하고 있다'라고 생각되면 이렇게 질문하기를 권합니다.

'그 일은 지금 바로 해야 해?'
'언제까지 하면 되는 일이야?'

'Question 4'에서 얘기했듯이, 비즈니스 상황에서는 서둘러 처리할 일도 있지만 실제로 시급하지 않은 일도 많습니다. 그러나 클라이언트나 상사에게 '빨리 해 달라'는 말을 들으면 어쩐지 서둘러야 할 것 같습니다. 이때 '그 일은 지금 바로 해야 해?'라고 질문을 던져 긴급성을 차분하게 따져 보세요.

'서두르지 않아도 된다'라고 판단했다면 지금 당장 하지 않아

+1분, 아침 1분으로 만드는 괜찮은 하루

도 되는 일로 분류하여 리스트에 적습니다. 메모장이나 포스트 잇에 '오늘 하지 않아도 되는 일' 목록을 만들어 늘 보이는 곳에 둡니다.

사람의 심리는 신기하게도 '바로 하지 않으면 잊어버릴 테니 지금 당장 해야겠다'라고 단정 짓는 경향이 있습니다. 반대로 말하면 '잊어버리지 않으면 지금 당장 하지 않아도 된다'라는 뜻입니다. '하지 않아도 되는 일' 리스트를 만들어 업무 현장의 효율성을 극대화하면 어떨까요.

도움이 되는 유혹은 내 편으로 만들자

자기 자신 안에서 일어나는 당근의 유혹은 언제 어떤 형태로 나타날지 알 수 없습니다.

그럴 때는 '그 유혹이 내 편이 될 수 있는지' 판단해 보세요. 예를 들어 '할 일이 있는데 너무 졸리다'면 잠깐 눈을 붙여 효율을 올릴 수 있습니다. 또 '출출한데 뭐 좀 먹을까'라는 생각이 들면 휴식 시간을 가져 뇌를 쉬게 하고, 이후 시간에 활력을 불어넣을 수도 있습니다.

자신에게 도움이 되는 유혹이라면 얼마든지 실천하세요. 다만 주의할 점은 시간을 정하는 겁니다. 너무 많이 자거나 끊임 없이 먹기만 하면 주객이 전도될 수 있습니다.

후회하지 않는 하루를 보내려면 내 안에서 일어나는 당근의 유혹과 타인에게서 비롯되는 채찍의 유혹을 가정해서 계획을 세우는 것이 효과적입니다. 구체적으로 가정할수록 유혹에 넘어가지 않고 '해야 할 일과 하지 않아도 되는 일'을 침착하게 판단해 시간을 절약할 수 있습니다.

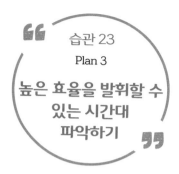

습관 23

Plan 3

높은 효율을 발휘할 수 있는 시간대 파악하기

각 시간대에 맞춰 적절한 행동을 취해야 업무 생산성이 극대화될 수 있습니다.

내가 언제, 어떤 행동을 할 때 효율이 오르는지 알고 있나요? 그것을 아느냐 모르느냐에 따라 행동과 시간의 사용법이 달라집니다. 그러나 언제, 무엇을 하면 효율이 오르는지 판단하기 어려울 수도 있습니다. 그럴 때는 '생각이 필요한 일(작업)을 하는 것이 적합한 시간'과 '생각 없이도 가능한 일(작업)을 하는 것이 적합한 시간'으로 나누어 생각해 보세요.

저는 아침 9시가 되어야 뇌가 움직이기 시작하는 편이라서, 오전 10시부터 오후 2시 사이에 숙고할 일을 배분합니다. 이 시간대에 원고 집필이나 콘텐츠 제작 등 머리를 쓰는 일정을 넣으면 효율적으로 일이 진행됩니다. 반대로 오후 시간대에는 미팅이나 취재와 같은 대화 중심의 일정을 넣습니다.

'오전 중에 업무 효율이 오른다'라고 하지만 모든 사람이 그런 것은 아닙니다. 새벽 5시에 일어나 10시까지 활동적으로 일하는 사람이 있는가 하면, 저처럼 오전 9시부터 오후 2시까지 집중이 잘 되는 사람도 있습니다. 본격적인 일은 오후부터 하는 사람도 있고, 밤중에 더 집중이 잘 되는 사람도 있습니다.

저마다 라이프스타일이 다르듯이 효율이 오르는 시간대도 다릅니다. 먼저 스스로 가장 활동적으로 일할 수 있는 시간대를 파악해야 최상의 퍼포먼스를 낼 수 있습니다.

'어느 시간대에 가장 효율이 오르지?'라고 자신에게 질문해보세요. 여기서 '가장 효율이 오른다'라는 것은 '일에 집중할 수 있다'라는 의미입니다.

예를 들어 아이를 키우면서 재택근무하는 사람이나, 부업으로 주말에도 일하는 사람은 일하는 시간이 한정적입니다. '일을 할 수 있는 시간대'가 아니라 '일에 집중할 수 있는 시간대'를 파악해 두어야 합니다.

효율이 극대화되는 시간대를 파악했다면 그 시간에 할 일을 정합니다. 그것을 루틴으로 만드는 것이 시간을 효율적으로 사용할 수 있는 비결입니다.

이러한 행동 방식은 시험공부에도 적용할 수 있습니다. 오전 중에는 머리를 쓰는 수학 등의 계산 문제를 풀고, 오후에는 역사, 한자와 같은 단순 암기 위주의 공부하는 거지요. 이런 식으로 뇌과학의 관점에서 시간 사용법을 적용하여 공부하는 학생이 우수한 성적을 받는 것은 어쩌면 당연한 결과일지 모릅니다.

학창 시절을 떠올려 보면 체육 수업 다음에 이어지는 수학 수업은 늘 졸음과 사투를 벌인 기억입니다. 어린 마음에도 '체육과 수학 수업 시간을 바꾸면 좋겠다'라고 생각했습니다. 효율성 측면에서 보자면 문제가 있는 시간표가 분명했으니까요.

점심시간은 자신의 효율에 맞춘다

일에 집중할 때는 무리해서 점심을 먹을 필요가 없습니다.

보통 12시가 되면 뭐든 먹어야 한다고 생각하지만, 배가 고프지 않다면 억지로 먹지 않아도 됩니다. 자신의 시간은 스스로 만드는 것이므로, 나만의 시간을 일반적인 시간 개념에 꿰맞출 필요는 없습니다.

회사원이라면 오전 11시에 이제 겨우 일에 집중하기 시작했는데, 점심시간인 12시에 맞춰 일을 멈춰야 하는 상황도 있을 겁니다. 가능하다면 점심시간을 한 시간 늦추더라도 일을 우선으로 해 보세요.

　집중력의 정도는 개인차가 있고, 그날 컨디션에 따라서도 다릅니다. 반복적으로 집중하는 시간을 점검해 보세요. 그래야 자신의 집중력이 어느 정도 지속되는지 평균값을 알 수 있고, 거기에 맞춰 행동 계획을 세울 수 있습니다.

+1분, 아침 1분으로 만드는 괜찮은 하루

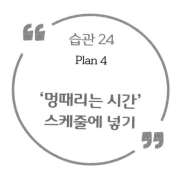

습관 24

Plan 4

'멍때리는 시간'
스케줄에 넣기

욕조에 몸을 담그거나 산책하는 중에 번쩍이는 아이디어가 떠오른 적 있나요?

과거에는 아무런 생각도 하지 않는 시간에는 뇌의 기능이 멈춰 있고, 무언가를 생각해야 뇌가 움직인다고 여겼습니다. 그런데 다양한 연구 결과를 통해 아무런 생각도 하지 않는 상태가 오히려 뇌를 활성화한다는 사실이 밝혀졌습니다.

우리의 뇌는 편안한 상태가 되면 '디폴트 모드 네트워크(Default Mode Network)'가 작동하여 평소보다 열다섯 배나 활발하게 움직입니다. 그래서 멍하니 있는 시간에 뜻밖의 아이디어가 떠오르는 현상이 일어나는 것이지요.

의식적으로 멍하니 있는 시간을 만드는 것이 중요합니다.

바쁜 사람일수록 시간을 헛되이 쓰지 않으려는 성향이 강합니다. 그러나 스케줄을 빠듯하게 짜면 집중력이 지속되지 않아 뇌의 기능이 떨어집니다. 그럴 때는 잠시 일과 생각을 멈추는 것이 가장 현명합니다. 디폴트 모드 네트워크가 활발하게 작동해 생각지도 못한 기발한 아이디어가 떠오를 수도 있습니다.

뇌의 휴식시간을 사용하는 방법은 저마다 다릅니다. 아무런 생각 없이 차 마시기를 즐기는 사람이 있고, 멍하니 바다나 하늘을 바라보는 사람도 있습니다. 저는 가까운 해변을 산책하거나 에스프레소 향기가 가득한 단골 카페에서 멍하니 있기를 즐깁니다.

또 하나의 방법은 낮잠입니다. 여기서 낮잠의 의미는 몸을 잠시 누인다는 의미이지 정말로 잠이 든다는 것이 아닙니다. 소파나 침대에 누워 몸을 쉬게 하고 일단 작업에서 멀어집니다. 그러면 뇌가 초기화된 것처럼 새로운 기분으로 작업에 매진할 수 있습니다.

아침에 하루의 계획을 세울 때 되도록 낮잠 시간을 일정에 포함합니다. 집중력에는 한계가 있고, 하루 중 올바른 결단이나 판단을 할 수 있는 횟수에도 한도가 있으므로 미리 초기화할 시간을 일정에 넣습니다.

바쁜 사람일수록 극한까지 일하는 습관이 있습니다.

그러나 정말로 휴식이 필요한 것은 뇌입니다. 의도적으로 멍하게 있는 시간을 확보하기를 강권합니다.

멍하니 있는 시간에도 변화를 주면 좋습니다. 명상하기, 반려동물과 놀기, 꽃에 물 주기 등의 행위는 얼마든지 개인 일정에 녹아들 수 있습니다. 예를 들어 볼게요.

◆ 오전 10시~오후 1시에 기획서 완성하기 (11시에 명상하기 / 12시에 차 마시기)

◆ 오후 4~6시에 회의하기 (오후 5시에 잠시 휴식 취하기)

위의 사례처럼 '중요한 과제'와 '쉬는 시간'을 묶어서 관리해 보세요. 아무리 바빠도 어떤 일에든 '온(on)'과 '오프(off)'의 균형이 중요합니다. '할 때는 하고 쉴 때는 쉰다'라는 마인드를 늘 의식해야 쉽게 소진되지 않고 지속적으로 일할 수 있습니다.

이것이 건강하게 오래 일할 수 있는 비결이자, 100세 시대에 필요한 노동 방식입니다.

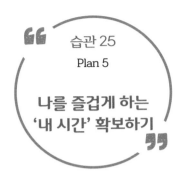

습관 25

Plan 5

나를 즐겁게 하는
'내 시간' 확보하기

일에 집중할 때 순식간에 시간이 흐르는 것을 한번쯤 경험했을 겁니다.

집필을 위해 저만의 '공간'에 들어가면 세 시간이 지나고 나서야 시간의 흐름을 알아차릴 때가 종종 있습니다. 너무 집중해서 시간 가는 줄도 모르고 일했을 때는 피로가 몰려와 다음 과제가 진척되지 않기도 합니다.

하루에 해야 할 과제가 하나라면 괜찮습니다. 그러나 오전 9시부터 오후 5시까지 근무시간이 정해진 사람은 장시간 집중력을 지속하며 일하기 어렵습니다.

시간을 관리할 때 자주 사용하는 기법이 '포모도로 테크닉

(pomodoro technique)'입니다. '25분 작업'과 '5분 휴식'을 반복하여 집중력을 지속시키고 생산성을 올리는 기법이지요. 타이머로 시간을 맞춰 두면 정해진 과제를 마치려는 방향으로 의식이 향해 집중력이 올라간다는 원리입니다.

이 기법은 작업 시간을 가늠하기 쉽고, 일정을 짜기 편리하다는 이점이 있습니다. 어영부영 책상에 앉아 있는 시간을 줄이고 높은 집중력을 유지할 수 있도록 돕기 때문이지요.

해야 할 과제가 많을수록 '여기까지 끝내고 쉬자'라는 생각으로 일하기 때문에 도중에 작업을 중단하기가 쉽지 않습니다. 중요한 것은 일의 양이 아니라 질입니다. 집중력 없이 업무 질을 높일 수는 없습니다.

20~30분이 지나면 일단 일을 멈춰 보세요. 집중력을 지속하는 가장 좋은 방법입니다. 'Plan 4'에서도 얘기했듯이 멍하니 있는 시간을 확보하거나 스트레칭을 하는 등 뇌를 재충전하는 습관을 가져 보세요.

물리적으로 작업에서 멀어지기

뇌를 쉬게 하는 시간과는 별도로 동기 부여를 끌어올리는 시간을 일정에 넣는 것도 중요합니다.

'내 시간'은 자신의 활력을 끌어올리는 시간입니다. 게임하거나 만화를 읽는 등 나를 즐겁게 하는 시간을 하루 계획에 넣어 보세요. 이때 중요한 것은 일이나 작업에서 '물리적으로 멀어지기'입니다. 집에서 작업한다면 일단 밖으로 나와 잠시 하던 일을 잊을 수 있는 시간을 확보합니다.

저는 휴대폰 애플리케이션 중에 1분 완결 게임을 즐겨합니다. 의외로 재미있고 게임 시간도 짧아 잠시 일을 멈추는 데 적격입니다. 잡생각을 할 수 없기 때문에 일종의 명상 상태가 되지요.

멍하니 있고 싶은 시간에 SNS나 인터넷 뉴스를 보는 것은 잘못된 선택입니다. 이때도 뇌는 정보를 받아들이며 작동하기 때문입니다. 오히려 일할 때보다 몇 배나 많은 에너지를 쏟는다고 하니, 뇌를 쉬게 하고 싶다면 목적 없이 휴대폰을 보는 습관은 버리는 것이 좋습니다.

잠시 일을 잊고 활력을 불어넣어 편안해질 수 있도록 기분 전환에 도움이 되는 자신만의 아이템이나 치유법을 찾아 두세요. 30분 휴식을 취한다면 '자, 이제부터 뭘 하지'라고 망설이는 순간 시간은 흘러갑니다.

아침에 미리 '내 시간'을 일정에 넣으면 시간의 효율을 극대화할 수 있습니다. 뿐만 아니라 스트레스를 해소하는 데 힘이 됩니다.

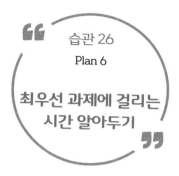

습관 26

Plan 6

최우선 과제에 걸리는 시간 알아두기

"하고 싶은 일이 뭔지 모르겠습니다."

강연에서 만나는 분들과 이야기를 나누다 보면 이렇게 얘기하며 고민을 털어놓는 분이 많습니다. 이야기를 듣고 상황을 구체적으로 물어보면, 좋아하거나 도전하고 싶은 것은 있지만 뭘 선택해야 할지 모르겠다고 말합니다. 다시 말해 가장 하고 싶은 것을 고르지 못해 고민하는 것입니다.

조금 다른 얘기지만, 투두리스트로 과제를 관리하면 일의 우선순위 정하는 데 혼란이 초래되는 단점이 있습니다. 여러 과제 중에 가장 중요한 과제를 파악하지 못하면 모두 어중간한 결과밖에 얻을 수 없습니다. 어떤 의미에서는 최우선 과제를 정하지 못한 것이 원인일 수 있습니다.

정보가 넘치는 시대에는 여러 선택지 중에 단 하나를 선택하는 날카로운 결단력이 필요합니다. 다양한 사안을 비교하고 선택하는 힘을 기르려면 '어느 것이 가장 중요한가?'를 의식적으로 물어야 합니다. 여러 사안 중 어느 것이 가장 중요한지를 판단하고 선택하는 일을 습관화해 보세요. 선택하는 힘뿐만 아니라 결단력, 행동력이 길러질 것입니다.

비즈니스 상황에서 가장 중요한 과제를 정했다면, 그 과제를 처리하기 위해 어느 정도 시간을 확보할 것인지 예측합니다. 시간을 예측하지 못하면 단 하루의 일정도 짤 수 없습니다.

예를 들어 '다음 주 프레젠테이션 자료 완성하기'가 가장 중요한 과제라면 세 시간이 걸릴지 한 시간이 걸릴지를 예측해 보는 겁니다. '10시부터 12시까지 두 시간 정도면 끝나겠지'라고 예측했다면 그대로 일정에 넣습니다.

일이 끝났을 때 실제 걸린 시간과 예측한 시간에 어느 정도 차이가 있는지 비교합니다. 두 시간을 예측했는데 '세 시간이 걸렸을 수도' 있고 '의외로 빨리 끝났을 수도' 있습니다. 실제로 걸린 시간을 잊지 않고 메모해 두세요. 그 데이터는 앞으로 어떤 작업에 어느 정도 시간이 걸릴지를 판단하는 재료가 될 것입니다.

◆ 20쪽 분량의 프레젠테이션 자료는 세 시간이면 작성 가능

◆ 월간 매출 데이터 정리는 한 시간 소요

◆ 800자 원고 작성은 45분 소요

이런 식으로 작업 속도를 파악하면 하루의 계획을 세우기 수월합니다. 또한 작업 시간을 예측해 두면 무의식중에 정한 시간 내에 끝내려는 의식이 작용하여 집중력이 오르는 이점도 있습니다.

일상생활 속에서는 '오늘은 ×× 우선하는 날'을 정하면 좋습니다. '목요일은 가족을 우선하는 날', '일요일은 요리를 우선하는 날'과 같이 요일마다 주제를 정하는 거지요. 그러면 요일마다 최우선으로 해야 할 일을 잠재의식이 도와 알찬 하루를 보낼 수 있습니다.

최우선을 정하는 습관 들이기

어느 상황에서든 최우선으로 처리할 단 하나의 일을 의식하면, 인생 최우선의 과업도 보이기 시작합니다.

'하고 싶은 일이 뭔지 모르겠다'라고 고민하고 있나요? 그렇다면 평소에 그날 해야 할 최우선의 일을 하나씩만 정해 봅시다.

우선순위를 정하는 일이 습관이 되면 가장 하고 싶은 일의 가닥이 보이리라 확신합니다.

이때 주의할 점은 2순위, 3순위를 매기지 않는 것입니다. 순위를 정하는 데 시간이 들고, 혼란을 불러일으킬 수 있기 때문입니다. 우선 최우선의 하나를 정하는 데만 초점을 맞춰 생각하는 습관을 들여보세요.

비즈니스 상황에서는 최우선의 일을 처리하는 데 걸리는 시간을 반드시 숙지해야 합니다. 선택력, 판단력, 행동력은 업무 현장에서 주체적으로 행동하는 데 빼놓을 수 없는 힘이 되어 줄 것입니다.

습관 27

Plan 7

기록하기

"닷새 전 밤에 무엇을 먹었나요?"

이 질문에 바로 대답할 수 있는 사람은 얼마나 될까요? 만일 기억이 나서 대답하더라도 '뭘 먹었던 것 같은데…'라며 대부분 말끝을 흐립니다. 사람의 기억은 불분명해서 어떤 때는 자신에게 편리한 쪽으로 기억을 조작하기도 합니다.

친구에게 '물을 더 마시는 게 좋겠다'라는 조언을 들었을 때 '안 그래도 많이 마시고 있어'라고 대답한 적이 있습니다. 그런데 문득 '실제로 어느 정도 마시고 있지?'라는 생각이 들었습니다. 당장 물 마신 횟수를 세어 보니, 하루에 고작 두 번 물을 마신다는 걸 알게 되었습니다. 되도록 평소와 같은 시간에 비슷한 양의 물을 마셨는데, 실제로는 두 잔밖에 마시지 않았다는 것을 그제야 깨달은 것입니다.

비로소 '기록하지 않으면 진실을 알 수 없다'는 사실을 실감했습니다. 기억과 기록은 실제로 다른 경우가 더 많습니다. 이 사실을 깨닫고 나서 가능한 한 생활습관을 기록했습니다.

하루에 커피를 몇 잔 마시는지, 식사 시간은 얼마나 걸리는지, 원고 집필에 어느 정도 시간이 걸리는지 등 평소에 어떤 것을 어느 정도의 횟수와 시간을 들여 하고 있는지 기록했더니, 생각했던 숫자와 현실에 큰 차이가 있었습니다.

이렇듯 기록을 통해 내가 가진 습관을 구체적으로 되돌아볼 수 있었습니다.

의외로 나를 잘 모른다

지금의 내 모습이 만족스럽지 않고, 생활에 변화를 주고 싶다면 먼저 현재 습관을 알아야 합니다.

'지금의 나'를 알아야 무엇을 어떻게 바꿔야 하는지 알 수 있기 때문입니다. 막연하게 변화를 바라기만 해서는 근본적인 문제를 해결할 수 없습니다.

사람은 자기 자신에 대해 잘 알지 못합니다. 제가 하루에 물

+1분, 아침 1분으로 만드는 괜찮은 하루

을 몇 잔 마시는지 몰랐던 것처럼 여러분도 자신이 무엇을 어느 정도 하고 있는지 잘 알지 못합니다. '기록하기'는 있는 그대로의 나를 알 수 있는 바로미터가 되어 줄 것입니다.

'레코딩 다이어트'가 유행한 적이 있습니다. 먹은 것을 기록하기만 하면 살이 빠진다는 것이지요. 기록을 통해 살이 찌는 본질적인 요인을 깨닫게 되는 심리를 이용한 것입니다. '기록⇒인식⇒변화'라는 단순한 다이어트 방법이 인기의 요인이었지요.

매일 하지 않아도 된다

나 자신을 바꾸고 싶다면 기록부터 시작하세요.

기록은 곧 행동에 의식의 방향을 돌린다는 의미이기도 합니다. 먼저 기상 시간과 취침 시간과 같은 라이프스타일을 파악하고, 좋아하는 음식이나 취미, 자주 하는 행동을 기록해 보세요. 나만이 가진 의외의 습관이나 버릇이 보일 겁니다.

아침에 일어나면 '오늘은 ××하는 횟수를 세어 보자'라고 계획을 세웁니다. 매일매일 하지 않아도 됩니다. 생각날 때만 실천해도 새로운 깨달음과 새로운 나를 발견할 수 있습니다.

요즘 들어 스트레스가 심하다고 느낀다면 '오늘은 감사할 수 있는 일이 몇 가지 있는지' 세어 보고, 왠지 모든 일상이 따분하게 느껴진다면 '오늘은 몇 번이나 웃었는지' 세어 보길 추천합니다. 평소와는 다른 시선으로 일상을 바라볼 수 있을 겁니다.

기록은 곧 인식한다는 것입니다. 기록을 통해 매일 새로운 사실을 발견할 수 있고, 이는 풍요로운 인생의 기반이 되어 줄 것입니다.

+1분, 아침 1분으로 만드는 괜찮은 하루

책을 쓰기로 결심하고 나면 가장 먼저 주제, 즉 테마를 정합니다.

이번 책의 테마는 '아침 습관'이고, 테마에 맞는 구성을 짜서 원고를 작성합니다. 당연히 테마가 없으면 원고를 쓸 수 없습니다. 테마는 책의 정신이자 뼈대고, 뼈대가 있어야 '글'이라는 살을 붙일 수 있습니다.

원고를 쓸 때만 그런 것은 아닙니다. 예를 들어 새로운 사이트를 만들 때, 새로운 디자인의 자동차를 만들 때, 신상품 디저트를 만들 때도 먼저 테마를 정하고, 테마에 맞춰 상품을 개발합니다.

우리도 오늘 하루를 만들 때 테마를 정해 보면 어떨까요? 테마가 명확해야 행동이 흔들리지 않습니다. 테마라는 목표를 향해 나아가면 충분하므로 '어떻게 하지' 하며 망설이는 동안 허비하는 시간도 줄일 수 있습니다.

'목표와 테마는 다른 것인가?' 이런 질문을 받기도 하는데요. 명확하게 다른 점이 한 가지 있습니다. '목표'는 달성을 추구하는 의미가 강하고, '테마'는 그 방향을 향해 나아간다는 의미가 강하므로 꼭 무언가를 달성하지 않아도 된다는 점입니다.

조금 다른 얘기지만 일정한 성과를 내야 하는 상황에서 '부담을 주어야 잘하는 유형'과 '부담을 주지 않아야 잘하는 유형'이 있습니다. 주위의 압박을 받아야 '해낼 거야!'라는 생각이 드는 유형은 전자고, '하고 싶은 대로 해'라는 말을 들어야 본래 가진 힘을 발휘할 수 있는 유형은 후자입니다.

자신이 어느 유형인지 스스로 판단할 수 있겠지요. 부담을 주어야 잘하는 유형이면 '목표'를, 부담을 주지 않아야 잘하는 유형이면 '테마'를 선택해야 애쓰지 않고 자신의 힘을 발휘할 수 있습니다.

분명한 점은 어느 유형이든 나의 하루는 스스로 만들어 나가야 한다는 것이고, 정확한 방향성과 지침이 있는 편이 행동하기에 수월하다는 것입니다.

테마가 정해지면 행동에 리듬이 생긴다

그날의 테마는 꼭 일에 국한된 것이 아니라 대인관계, 사생활, 취미에 관한 것까지 포괄합니다.

이른 아침에 바로 떠오른 생각이 그날 자신에게 필요한 테마입니다. 예를 들어 '습관 고치기', '가족을 소중히 생각하기'와 같은 추상적 테마도 좋고, '오늘은 무조건 느긋하게 보내기', '아무것도 하지 않는 시간을 의도적으로 만들기'와 같은 긴장 이완의 테마도 좋습니다.

인간은 하루의 테마가 정해지면 무의식적으로 그 방향에 적합한 행동을 합니다. 평소에 상사나 선배에게 '서둘러 처리해' 혹은 '한잔하러 가자'라는 말을 듣고 거절하지 못하나요? 그렇다면 거절이 어려운 순간에 오늘의 테마를 떠올려 봅니다. 오늘의 테마를 완수하는 데 필요한 행동인지 아닌지를 헤아리고, 테마에 적합한 행동을 선택합니다. 행동의 기준점이 있으면 자연스럽게 '거절하는 힘'을 기를 수 있습니다.

인생에서 꿈이나 목적을 갖는 것은 중요합니다. 그렇지만 큰 꿈을 위해 지금을 흘려보내는 것은 현명하지 못합니다. 우선 오늘 하루를 소중하게 여겨 보세요. 오늘의 테마가 그 지침이 될 것입니다. 하루 계획에 '테마 만들기' 항목을 넣어 실천하시기 바랍니다.

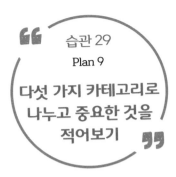

습관 29

Plan 9

다섯 가지 카테고리로
나누고 중요한 것을
적어보기

인생은 일 초, 일 분, 한 주, 한 달, 일 년이 쌓여 완성됩니다.

당연한 사실이지만 의외로 겹겹이 쌓인 시간의 층위를 의식하고 행동하는 사람은 많지 않습니다. 어린 시절 '커서 파일럿이 되고 싶다', '간호사가 되고 싶다'와 같은 미래의 꿈을 한 번쯤 그려봤을 겁니다.

그때는 '어른이 곧 미래'라고 생각했습니다. 지금 여러분은 어릴 적 그린 미래의 한가운데에 있습니다. 부모의 허락이 없으면 자유롭게 행동할 수 없었던 시절과는 다릅니다. 어른이 된 우리는 가지고 싶은 것을 자유롭게 살 수 있고, 하고 싶은 일에 자유롭게 도전할 수 있는 시대에 살고 있습니다.

만일 꿈이나 목적을 말할 때 '언젠가 도전하고 싶다'와 같이 '언젠가'를 습관적으로 붙여 말한다면, 어린 시절 나의 모습에서 조금도 성장하지 않은 것일 수 있습니다.

삶은 지금, 이 순간과 곧장 연결되어 있습니다. 자기 삶의 주인은 오늘이라는 작은 테두리 안의 일 분, 일 초를 소중히 여기며 주체적으로 행동합니다. 반복해서 말하지만 그러기 위해서는 하루의 시작인 아침 시간을 보내는 의식의 전환이 중요합니다.

'Plan 8'에서 살펴보았듯이, 하루의 테마를 정할 때는 주간, 월간으로 시간 축을 확장하는 것도 효과적입니다. 한 주, 한 달이 시작되는 날에 '이번 주의 테마'와 '이번 달의 테마'를 정해 보면 어떨까요.

주기적으로 다시 질문하기

매일, 매주, 매달 테마를 정하기가 어려울 때도 있습니다.

그럴 때는 먼저 다섯 가지 카테고리로 나눠 '나에게 가장 중요한 것은 무엇인지' 헤아려 봅니다. 각각의 카테고리에서 이상적인 자기 모습이 명확해지면 테마도 또렷해집니다.

① 몸(Wellness)

⇒ 건강과 미용

② 인간관계(Relationship)

⇒ 가족과 파트너, 일과 관련된 인간관계

③ 돈(Finance)

⇒ 돈에 대한 가치관, 사용법

④ 즐거움(Pleasure)

⇒ 나를 즐겁게 하고 행복하게 하는 것

⑤ Growth(성장)

⇒ 나를 성장시키는 것

이 다섯 가지 카테고리에서 '내가 중요하게 여기는 것은 무엇인가?'를 질문해 보세요. 무엇을 중요하게 여기는지 알게 되면 망설임 없이 행동할 수 있습니다.

'나답게 산다'라거나 '내 방식대로 산다'라는 말을 흔히 들을 수 있습니다. 그런데 '나다움'과 '내 방식'을 몰라서 고민하는 사람도 적지 않습니다. 그럴 때 이 다섯 가지 카테고리를 기준으로 무엇이 중요한지 파악해 보세요. 그 답 속에서 진정한 '나다움'과 '내 방식'을 찾을 것입니다.

세 달에 한 번씩 다섯 가지 카테고리에서 중요하게 여기는 것은 무엇인지 다시 질문하기를 권합니다. 계속 달라지지 않는 답도 있을 테고 달라지는 답도 있을 겁니다. 답이 달라지지 않았다면 그것이 바로 '나다움'입니다. 답이 달라졌다면 자신이 진화하고 있다는 증거입니다.

'내가 중요하게 여기는 것은 무엇인가?'라는 질문은 지금의 나를 이해하는 기준점이 될 수 있습니다. 이 질문의 답을 매일의 행동 지침으로 삼아 보시기 바랍니다.

다섯 가지 카테고리에서 중요하게 여기는 것을 적어보자.

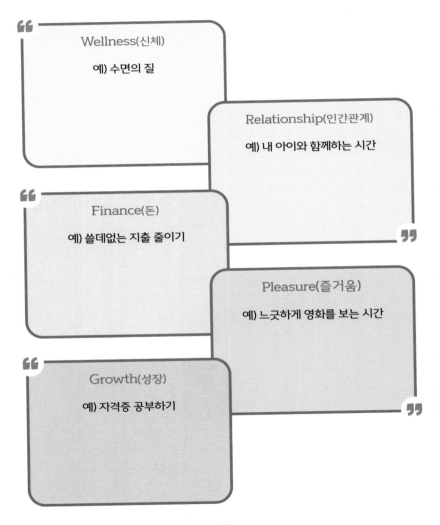

Wellness(신체)

예) 수면의 질

Relationship(인간관계)

예) 내 아이와 함께하는 시간

Finance(돈)

예) 쓸데없는 지출 줄이기

Pleasure(즐거움)

예) 느긋하게 영화를 보는 시간

Growth(성장)

예) 자격증 공부하기

+1분, 아침 1분으로 만드는 괜찮은 하루

습관 30
Plan 10

'위시 리스트' 만들기

행복한 인생을 살기 위해서는 '즐거움'과 '희망'이 필요합니다.

큰 부를 거머쥐고, 전 세계적으로 명예를 떨친 사람일지라도 매일이 즐겁지 않다면 행복한 인생이라고 할 수 없습니다. 바꿔 말하면 즐거움이 있다면 행복한 인생이라고 할 수 있습니다.

미래의 희망은 삶을 지탱하는 양식입니다. 희망이 있으면 지금 당장 힘들어도 살아가려는 의욕이 생깁니다.

즐거움에는 다양한 종류가 있습니다. '하와이에서 살고 싶다'라는 꿈을 가진 사람이 그 꿈을 이루면 무척 기쁘고 즐겁겠지요. 그 즐거움과 바로 지금 좋아하는 치즈케이크를 먹는 즐거움은 다릅니다.

즐거움의 크기를 굳이 따진다면 하와이에서 사는 꿈을 이룬 것이 더 클 겁니다. 그러나 즐거움의 크기가 클수록 몇 달이 지나면 당연한 일로 여기고, 의외로 그 즐거움을 쉽게 잊어버립니다.

즐거움은 크면 클수록 영향력이 강합니다. 소소한 즐거움은 영향력은 작지만 언제나 반드시 우리를 행복하게 합니다. 그렇다면 소소한 즐거움으로 일상을 채우는 것이 더 행복한 인생을 걷는 길이 아닐까요?

'Question 3'에서 소개했듯이, 즐거움과 행복을 느끼는 '플레저 리스트'를 만들어 보세요. 소소한 즐거움은 스트레스나 고민이 쌓이지 않도록 지켜줄 것입니다.

'언젠가 이루어지면 좋겠다'를 가시화하기

100세 시대를 긴 안목으로 준비하려면 희망의 요인들을 찾아야 합니다.

이때 준비해야 할 것이 '위시 리스트'입니다. 인생의 큰 목적과 꿈을 이루기 위해 '언젠가 이루어지길 바라는 희망 사항'을 리스트로 만들어 보세요.

+1분, 아침 1분으로 만드는 괜찮은 하루

◆ 큰 정원이 있는 자연 속에 둘러싸인 집에 살고 싶다.

◆ 세계 곳곳에 친구를 만들고 싶다.

◆ 좋아하는 일로 창업에 도전해 엄청난 돈을 벌고 싶다.

◆ 오키나와 외딴섬에서 유유자적하게 시간을 보내고 싶다.

◆ 여행하면서 살고 싶다.

◆ 책을 출판해서 밀리언셀러 작가가 되고 싶다.

◆ 가족과 세계여행을 하고 싶다.

◆ 100세까지 건강하게 살고 싶다

지금 당장 이룰 수 없지만, 언젠가 이루어지길 바라는 희망사항을 평소에 적어 두세요. 위시 리스트를 꺼내 보며 인생이라는 배가 지금 어디로 향하고 있고, 어떻게 노를 저어 가면 희망하는 지점에 닿을 수 있는지 확인할 수 있습니다.

다시 한번 강조합니다. 인생에 필요한 것은 즐거움과 희망입니다.

플레저 리스트에 소소한 즐거움을 채우고, 위시 리스트로 희망을 다져 보세요. 두 가지 리스트를 활용하면 여러분의 하루, 일 년, 일생을 즐거움으로 채울 실마리를 찾을 수 있습니다. 지금 바로 두 가지 리스트를 작성하기 바랍니다.

\# 언젠가 이루고 싶은 '위시 리스트' 만들기! \#

밀리언셀러 작가가 되고 싶다.

100세까지 건강하게 살고 싶다.

+1분, 아침 1분으로 만드는 괜찮은 하루

165

2부에서는 30가지 습관을 실천하는
구체적인 방법을 소개했습니다.
지금부터 소개할 '생산성 시트'는
이 습관들을 꾸준히 실천할 수 있도록
도와 줄 것입니다.
이 시트를 복사하거나 다운로드해
아침 시간에 작성하는 습관을 만들어 보세요.
아래의 QR코드를 스캔하면
시트를 내려받을 수 있습니다.

Part 3

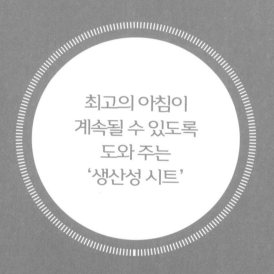

최고의 아침이
계속될 수 있도록
도와 주는
'생산성 시트'

오늘 하루 가장 중요한 과제는?

1 ☐ _____

그다음으로 중요한 과제는?

2 ☐ _____

3 ☐ _____

My time

☐ _____　☐ _____

Think

☐ _____　☐ _____

☐ _____　☐ _____

Input

☐ _____　☐ _____

☐ _____　☐ _____

Action

☐ _____　☐ _____

☐ _____　☐ _____

☐ _____　☐ _____

☐ _____　☐ _____

☐ _____　☐ _____

✖ 오늘 하지 않아도 되는 과제는?

☐ _____　☐ _____

＊ Contact List

☐ _____　☐ _____

☐ _____　☐ _____

8

9

10

11

12

13

14

15

16

17

18

19

20

21

22

어떤 하루가 되면 좋겠어?

◈

❖

✖

✳

오늘 하루 기대되는 일은?

지금 신경 쓰이는 일은?

이루고 싶은 목표에 다가가기 위해
오늘 할 수 있는 일은?

WORK

MY LIFE

오늘 하루 좋았던 일은?

내일은 어떤 하루를 보내고 싶어?

오늘 하루 느낀 점은?

Memo&Self Question
기분이 어때?

생산성 시트로
아침 습관의
질을 올린다

2부에서 소개한 하루의 생산성을 올리는 30가지 습관은 '질문', '행동', '계획'이 유기적으로 연동되어 있습니다.

질문을 통해 행동이 일어나고, 행동에서 계획이 만들어집니다. 모든 행동과 계획의 근원에는 질문이 있습니다. 바쁜 아침일수록 질문을 던져 보세요. '급할수록 질문'을 던지는 것이 중요합니다. 소리 내어 질문하고 그 답을 귀로 듣는 것만으로 하루가 달라집니다.

생산성의 질을 올려 하루를 알차게 보내고 싶나요? 그렇다면 '작성'이라는 아웃풋보다 확실한 방법은 없으니 '생산성 시트'를 활용해 보세요.

'생산성 시트'의 '생산성'은 영어로 'productivity'를 의미합니다. 생산성 시트는 '질문'의 힘과 우리의 성장을 돕는 '쓰기'의 힘을 중점에 둔 결과물입니다.

저는 어릴 적부터 아침이 힘든 사람이었습니다. 어떻게 하면 짧은 시간에 효율적으로 일할 수 있을지 늘 연구해 왔고, 그 결과 '생산성 시트'를 완성했습니다. 생산성 시트는 '아침에 실천하면 좋은 30가지 습관'의 핵심이 응축되어 있고, 일상생활에서 실용적으로 사용하는 데 초점이 맞춰져 있습니다.

질문을 중심으로 하루의 과제를 명확히 하고, 거기에 맞게 일정을 짤 수 있도록 구성된 생산성 시트는 일반적인 수첩이나 다이어리와는 다릅니다. 어디까지나 저의 경험이지만 생산성 시트를 활용하면 열 시간이 걸리던 일도 한 시간이면 끝날 정도로 순조롭게 일이 진행됩니다.

절약된 시간 덕분에 나만의 시간과 가족과 보낼 수 있는 시간이 늘어나고, 비효율적으로 낭비되는 시간을 되찾게 됩니다. 하루의 시작인 아침 시간에 시트를 작성하면 하루, 일주일, 일 년, 나아가 삶 전체를 알차게 바꿀 수 있습니다.

생산성 시트를
지속 활용하는
세 가지 원칙

생산성 시트는 매일 반드시 쓰지 않아도 됩니다.

완고하지 않은 원칙 덕분에 무언가를 계속하는 것이 힘들었던 저도 지금까지 활용할 수 있었습니다. 나아가 생산성 시트를 작성하는 과정에서 어지러운 마음이 정리되는 것을 경험하고 더 적극적으로 '매일 쓰고 싶다'는 의욕이 생겼습니다.

사람의 기억에는 한계가 있습니다. 머릿속으로 명확하게 기억하는 '오늘 해야 할 일'은 기껏해야 네다섯 개 정도입니다. 게다가 오늘만 해야 할 일이 있는 것도 아닙니다. 우리는 '내일 할 일, 이번 주까지 해야 할 일, 이번 달까지 해야 할 일' 등 셀 수 없을 만큼 많은 과제를 안고 살아갑니다.

인간의 인지 능력은 유한하므로, 이 모든 일정을 정확하게 기억할 수 없습니다. 그래서 쓰고 인식하는 과정이 필요합니다.

매일 시트를 작성하기가 버겁게 느껴지는 분도 있을 겁니다. 다음 세 가지 원칙을 지키면 부담감 없이 가벼운 마음으로 생산성 시트 작성을 지속할 수 있습니다.

① 쓰고 싶을 때만 쓴다

생산성 시트는 매일 쓰지 않아도 됩니다.

하루가 유난히 바쁘게 돌아가는 날도 있고, 별다른 사건 없이 지나가는 날도 있습니다. 생산성 시트는 여유가 생겼을 때, 쓰고 싶을 때만 써도 충분합니다. 억지로 매일 쓰려고 하면 '오늘은 쓸 게 없다', '대충 썼다'와 같이 시트 작성에 부정적 감정이 생기게 됩니다.

생산성 시트가 효력을 발휘하려면 '머릿속을 정리하고 싶다', '마음을 정돈하고 싶다'와 같은 긍정적인 마인드가 필요합니다. '매일 써야 한다'라는 생각을 버리세요. 이것이 생산성 시트를 계속해서 활용할 수 있는 가장 중요한 비결입니다.

② 10분 이내로 쓴다

성실한 사람일수록 생산성 시트를 '매일 써야지', '모든 항목을 채워야지'라고 다짐할 가능성이 큽니다.

생산성 시트는 꼼꼼하고 정성스럽게 시간을 들여 쓰지 않아도 됩니다. 상사에게 허락을 받거나 타인의 동조가 필요한 문서가 아니므로, 내가 읽고 이해할 수 있을 정도면 충분합니다. 10분 이내로 시간을 정해 쓸 수 있는 데까지만 씁니다.

바쁜 아침에 '10분'은 귀중한 시간입니다. 생산성 시트를 쓰겠다고 일부러 일찍 일어나거나, 다른 할 일을 미뤄가면서까지 쓸 필요는 없습니다. 어디까지나 시간에 여유가 있을 때 쓴다는 원칙을 잊어서는 안 됩니다.

③ 늘 보이는 곳에 둔다

생산성 시트의 순기능은 작성하는 동안 머릿속이 정리되고 그날의 우선순위가 명확해진다는 것입니다.

작성을 마치고 나서 책상이나 가방 안에 시트를 넣지 않기를 권합니다. 눈에 보이지 않으면 시간이 지날수록 의식에서 멀어집니다. 생산성 시트는 늘 보이는 곳에 두는 것이 중요합니다.

직장인이라면 책상 위에 두거나, 주부라면 냉장고나 거실 등에 붙여 시야에 머무는 곳에 두세요. 눈에 들어오는 곳에 두고 무의식적으로 해야 할 과제를 상기하는 것이 중요합니다.

　생산성 시트가 일상생활에 녹아들 때 그 진가가 발휘됩니다. '쓰고 싶을 때 쓴다', '10분 이내로 쓴다', '늘 보이는 곳에 둔다' 라는 세 가지 원칙을 지켰을 때 생산성 시트를 오래 활용할 수 있다는 것을 명심하기 바랍니다.

Part3. 최고의 아침이 계속될 수 있도록 도와 주는 '생산성 시트'

생산성 시트 작성법

지금부터 생산성 시트 작성법을 설명하려고 합니다.

생산성 시트는 1만 명 이상의 독자분들이 활용하고 있습니다. 앞서 소개한 작성법을 참고하기를 권하지만, 그보다 중요한 것은 이 시트를 실제로 활용하는 것입니다. 활용하기 수월한 자기만의 방법이 있다면 그 방법이 우선입니다. 생산성 시트는 오직 활용할 때 이상적인 의미를 가질 수 있습니다.

이어지는 '작성법'을 참고해 자기만의 작성법을 만들어 가기를 바랍니다. 매일매일 너무 잘 쓰려 하지 말고, 상황에 맞춰 편하게 작성한다는 원칙을 잊지 마시고요.

생산성 시트 작성법

과제를 마치는 데 걸리는 예상 시간을 표시합니다. 오른쪽 타임테이블에도 과제를 적어 관리해 보세요.

오늘 하루 가장 중요한 과제는? ⟶

1 □ 오늘 무슨 일이 있어도 해야 할 과제를 적고 최우선 순위로 처리합니다. 일 외의 과제라도 상관없습니다. 반드시 오늘 끝내고 싶은 과제를 적어보세요.

그다음으로 중요한 과제는? ⟶

2 □ 오늘 처리할 중요한 과제가 두세 개 있을 경우에만 작성합니다. 마찬가지로 과제 처리에 걸리는 예상 시간을 표시하고, 오른쪽 타임테이블에 과제를 적어 보세요.

3 □

* My time ⟶ 활력을 끌어올릴 나를 위한 시간을 정합니다. 잠시 하던 일을 멈추고 기분전환할 시간을 확보하세요. 마찬가지로 예상 시간을 오른쪽 타임테이블에 적어 보세요.

□　　　　　　　　　□

* Think ⟶ 일이나 사생활과 관련된 오늘 생각해야 할 일을 적어 보세요.

□　　　　　　　　　□

□　　　　　　　　　□

* Input ⟶ 알아야 할 정보, 읽고 싶은 책, 등 오늘 인풋하고 싶은 것을 적어 보세요.

□　　　　　　　　　□

□　　　　　　　　　□

* Action ⟶ 행동이 필요한 과제를 적어 보세요. '오늘 하루 가장 중요한 과제는?'에 답할 수 없을 때는 여기서 가장 중요한 과제를 선택하세요. 시간이 걸릴 것 같은 과제는 오른쪽 타임테이블로 관리하세요.

□　　　　　　　　　□

□　　　　　　　　　□ 효율이 높은 시간대 (10시~14시, 16시~19시)

□　　　　　　　　　□ 비교적 높은 효율을 발휘할 수 있는 시간대입니다. 이 시간대에 최우선 과제를 배치해 보세요.

□　　　　　　　　　□

□　　　　　　　　　□

✖ 오늘 하지 않아도 되는 과제는? ⟶

Action 리스트 중에서 오늘 하지 않아도 되는 과제를 적어 보세요.

□　　　　　　　　　□

* Contact List ⟶ 연락해야 할 일을 작성하고 관리해 보세요. 문의 전화하기, 티켓 예약하기 등 일 이외의 과제도 적어 보세요.

□　　　　　　　　　□

□　　　　　　　　　□

8
9
10
11
12
13
14
15
16
17
18
19
20
21
22

어떤 하루가 되면 좋겠어?

◈→ '어떤 즐거움이 있으면 좋을지' 적어 보세요.

❖→ '어떤 기분이면 좋을지' 적어 보세요.

✠→ '어떤 성과이면 좋을지' 적어 보세요.

✱→ '어떤 행동을 하면 좋을지' 적어 보세요.

Memo&Self Question

기분이 어때?

먼저 '지금 기분이 어때?'라는 질문을 던져 자신의 기분을 적어 보세요. 질문과 답을 서너 번 반복하는 동안 뉴트럴 포지션으로 돌아갈 수 있습니다.

오늘 하루 기대되는 일은?

능동적인 하루를 보내기 위해 오늘 하루 기대되는 일을 스스로 만들어 보세요. 개수에 제한은 없습니다. 생각나는 대로 적어 보세요.

지금 신경 쓰이는 일은?

머릿속을 채우고 있는 불안이나 답답한 마음을 적어 보세요. 일이나 인간관계 등 신경 쓰이는 일이나 고민을 꺼내 보세요.

이루고 싶은 목표에 다가가기 위해 오늘 할 수 있는 일은?

WORK

나의 분야에서 1년 후 목표나 꿈을 이루기 위해 오늘 할 수 있는 일은 무엇인지 적어 보세요.

MY LIFE

인생에서 1년 후 목표나 꿈을 이루기 위해 오늘 할 수 있는 일은 무엇인지 적어 보세요.

오늘 하루 좋았던 일은?

하루가 끝나는 시점에 적어 보세요. 좋지 않았던 일은 기억나지만 좋았던 일은 기억에 잘 남지 않습니다. 기억을 떠올려 만족감과 성취감을 느끼며 하루를 마무리해 보세요.

내일은 어떤 하루를 보내고 싶어?

다음 날 아침을 원활하게 시작할 수 있도록 밤사이 준비할 수 있는 것이나 생각해 둘 것은 없는지 질문해 보세요. 밤 동안 답이 정리되면 아침을 맞이하는 마음가짐과 행동이 달라집니다.

오늘 하루 느낀 점은?

오늘 하루 좋았던 점에 초점을 맞춰 지금 느낀 점을 물어보세요. 기분전환이나 내일의 행동 지침에 도움이 되는 힌트를 얻을 수 있습니다.

생산성 시트 작성법

2023 / 7 / 14 (금)

오늘 하루 가장 중요한 과제는?

1 □ 다음 달 출시되는 온라인 스쿨 커리큘럼 작성하기.

그다음으로 중요한 과제는?

2 □ S 씨 라이브 대담 내용 정리하기.

* My time

□ 블루보틀에서 멍때리기.   □

* Think

□ 커뮤니티 통화의 활성화 방안 생각하기.

□ 돈과 커뮤니티 통화의 관계 생각하기.

* Input

□ 《돈 걱정 없이 사는 사람이 배우는 것》 읽기

□   □

* Action

□ 중고생 대상 라이브 감사 메일 작성

□ 클라이언트 활동 보고   □ 원고 교정

□ 커뮤니티 통화 이용자 설문조사

□ 클라이언트와의 식사 장소 결정

□ '크리에이티브 부부의 날' 호텔 예약

✘ 오늘 하지 않아도 되는 과제는?

□ 출판 강연 장소 찾기   □ WEB 기사 교정

* Contact List

□ 편집자 K에게 메시지 □ 다음 주 회식 장소 연락 □ 프로모션 직원과 5분 MTG

□ 어제 만난 분에게 감사 메시지   □ I 씨 영상 협업 일정 회신

---

8 | 8시 아침 산책

9 | 노트 작성

10 | 라이브 대담 내용 정리

11 |

12 | 아내와 점심

13 |

14 | 비행기로 이동

15 | 커리큘럼 작성

16 |

17 | 오키나와 도착

18 |

19 |

20 |

21 |

22 |

어떤 하루가 되면 좋겠어?

❖ 내 시간 충분히 갖기.

❖ 여유로운 시간 갖기.

❖ 커뮤니티 통화의 순환 한 걸음 내딛기.

❖ 22시에 취침하기.

오늘 하루 기대되는 일은?

　오랜만에 친구 부부와 식사하기.

지금 신경 쓰이는 일은?

　이 책이 잘 팔릴까?

　앞으로 내가 할 수 있는 일은 무엇일까?

이루고 싶은 목표에 다가가기 위해
오늘 할 수 있는 일은?

WORK

　운영으로 자동화할 수 있는 것 하나 찾기.

MY LIFE

　아내가 좋아하는 초코 버터 크루아상 사러 가기.

오늘 하루 좋았던 일은?

　아내가 크루아상을 맛있게 먹었다. / 과제를 전부 끝냈다! /

　중고생 대상 라이브의 리포트 반응이 좋았다. 뿌듯하다!

내일은 어떤 하루를 보내고 싶어?

　편안하고 알찬 하루

오늘 하루 느낀 점은?

　자신의 마음에 솔직해지자. 마감할 일이 있으면 그 점을 잊기 쉽지만,

　머리로만 생각하지 말고 내 진짜 마음에 늘 초점을 맞추는 것이 중요하다.

Memo&Self Question

기분이 어때?

　약간 초조하다.
　⇩
　Q 왜?
　⇩
　이동이 많은데 과제를 처리
　할 수 있을까?
　⇩
　Q 다른 이유는?
　⇩
　해야 할 일과 하지 않아도
　될 일의 균형이 맞지 않는
　것 같다.
　⇩
　Q 어떻게 하면 될까?
　⇩
　미룰 수 있는 일을 정리해
　보자.
　⇩
　Q 구체적으로 무엇을?
　⇩
　주말 마감 과제는 오늘 하
　지 않는다.

내일 아침이 기대되나요?

나만의 생산성 시트를 작성해 보세요!

오늘 하루 가장 중요한 과제는?

1 ☐ _____

그다음으로 중요한 과제는?

2 ☐ _____

3 ☐ _____

My time

☐ _____   ☐ _____

Think

☐ _____   ☐ _____

☐ _____   ☐ _____

Input

☐ _____   ☐ _____

☐ _____   ☐ _____

Action

☐ _____   ☐ _____

☐ _____   ☐ _____

☐ _____   ☐ _____

☐ _____   ☐ _____

☐ _____   ☐ _____

✖ 오늘 하지 않아도 되는 과제는?

☐ _____   ☐ _____

* Contact List

☐ _____   ☐ _____

☐ _____   ☐ _____

8
9
10
11
12
13
14
15
16
17
18
19
20
21
22

어떤 하루가 되면 좋겠어?

◈

❖

✖

✱

Memo&Self Question
기분이 어때?

오늘 하루 기대되는 일은?

지금 신경 쓰이는 일은?

이루고 싶은 목표에 다가가기 위해
오늘 할 수 있는 일은?

WORK

MY LIFE

오늘 하루 좋았던 일은?

내일은 어떤 하루를 보내고 싶어?

오늘 하루 느낀 점은?

오늘 하루 가장 중요한 과제는?

1 ☐ _____

그다음으로 중요한 과제는?

2 ☐ _____

3 ☐ _____

My time

☐ _____   ☐ _____

Think

☐ _____   ☐ _____

☐ _____   ☐ _____

Input

☐ _____   ☐ _____

☐ _____   ☐ _____

Action

☐ _____   ☐ _____

☐ _____   ☐ _____

☐ _____   ☐ _____

☐ _____   ☐ _____

☐ _____   ☐ _____

✖ 오늘 하지 않아도 되는 과제는?

☐ _____   ☐ _____

* Contact List

☐ _____   ☐ _____

☐ _____   ☐ _____

8

9

10

11

12

13

14

15

16

17

18

19

20

21

22

어떤 하루가 되면 좋겠어?

❖

❖

✳

✳

오늘 하루 기대되는 일은?

지금 신경 쓰이는 일은?

이루고 싶은 목표에 다가가기 위해
오늘 할 수 있는 일은?

WORK

MY LIFE

오늘 하루 좋았던 일은?

내일은 어떤 하루를 보내고 싶어?

오늘 하루 느낀 점은?

오늘 하루 가장 중요한 과제는?

1 ☐ _____

그다음으로 중요한 과제는?

2 ☐ _____

3 ☐ _____

My time

☐ _____   ☐ _____

Think

☐ _____   ☐ _____

☐ _____   ☐ _____

Input

☐ _____   ☐ _____

☐ _____   ☐ _____

Action

☐ _____   ☐ _____

☐ _____   ☐ _____

☐ _____   ☐ _____

☐ _____   ☐ _____

☐ _____   ☐ _____

✖ 오늘 하지 않아도 되는 과제는?

☐ _____   ☐ _____

* Contact List

☐ _____   ☐ _____

☐ _____   ☐ _____

8

9

10

11

12

13

14

15

16

17

18

19

20

21

22

어떤 하루가 되면 좋겠어?

◈

❖

✠

✱

오늘 하루 기대되는 일은?

지금 신경 쓰이는 일은?

이루고 싶은 목표에 다가가기 위해
오늘 할 수 있는 일은?

WORK

MY LIFE

오늘 하루 좋았던 일은?

내일은 어떤 하루를 보내고 싶어?

오늘 하루 느낀 점은?

Memo&Self Question
기분이 어때?

오늘 하루 가장 중요한 과제는?

1 ☐ _____

그다음으로 중요한 과제는?

2 ☐ _____

3 ☐ _____

My time

☐ _____   ☐ _____

Think

☐ _____   ☐ _____

☐ _____   ☐ _____

Input

☐ _____   ☐ _____

☐ _____   ☐ _____

Action

☐ _____   ☐ _____

☐ _____   ☐ _____

☐ _____   ☐ _____

☐ _____   ☐ _____

☐ _____   ☐ _____

✖ 오늘 하지 않아도 되는 과제는?

☐ _____   ☐ _____

✳ Contact List

☐ _____   ☐ _____

☐ _____   ☐ _____

8
9
10
11
12
13
14
15
16
17
18
19
20
21
22

어떤 하루가 되면 좋겠어?

◈

❖

✠

✻

Memo&Self Question

기분이 어때?

오늘 하루 기대되는 일은?

지금 신경 쓰이는 일은?

이루고 싶은 목표에 다가가기 위해
오늘 할 수 있는 일은?

WORK

MY LIFE

오늘 하루 좋았던 일은?

내일은 어떤 하루를 보내고 싶어?

오늘 하루 느낀 점은?

오늘 하루 가장 중요한 과제는?

1 ☐ _____

그다음으로 중요한 과제는?

2 ☐ _____

3 ☐ _____

My time

☐ _____ ☐ _____

Think

☐ _____ ☐ _____

☐ _____ ☐ _____

Input

☐ _____ ☐ _____

☐ _____ ☐ _____

Action

☐ _____ ☐ _____

☐ _____ ☐ _____

☐ _____ ☐ _____

☐ _____ ☐ _____

☐ _____ ☐ _____

✖ 오늘 하지 않아도 되는 과제는?

☐ _____ ☐ _____

* Contact List

☐ _____ ☐ _____

☐ _____ ☐ _____

8

9

10

11

12

13

14

15

16

17

18

19

20

21

22

어떤 하루가 되면 좋겠어?

◈

❖

✠

✳

오늘 하루 기대되는 일은?

지금 신경 쓰이는 일은?

이루고 싶은 목표에 다가가기 위해
오늘 할 수 있는 일은?

WORK

MY LIFE

오늘 하루 좋았던 일은?

내일은 어떤 하루를 보내고 싶어?

오늘 하루 느낀 점은?

기분이 어때?

생산성 시트   20   년   월   일   요일

오늘 하루 가장 중요한 과제는?

1 ☐ _____

그다음으로 중요한 과제는?

2 ☐ _____

3 ☐ _____

My time

☐ _____ ☐ _____

Think

☐ _____ ☐ _____

☐ _____ ☐ _____

Input

☐ _____ ☐ _____

☐ _____ ☐ _____

Action

☐ _____ ☐ _____

☐ _____ ☐ _____

☐ _____ ☐ _____

☐ _____ ☐ _____

☐ _____ ☐ _____

✖ 오늘 하지 않아도 되는 과제는?

☐ _____ ☐ _____

* Contact List

☐ _____ ☐ _____

☐ _____ ☐ _____

8
9
10
11
12
13
14
15
16
17
18
19
20
21
22

어떤 하루가 되면 좋겠어?

◈

❖

✖

✳

오늘 하루 기대되는 일은?

지금 신경 쓰이는 일은?

이루고 싶은 목표에 다가가기 위해
오늘 할 수 있는 일은?

WORK

MY LIFE

오늘 하루 좋았던 일은?

내일은 어떤 하루를 보내고 싶어?

오늘 하루 느낀 점은?

기분이 어때?

오늘 하루 가장 중요한 과제는?

1 ☐ _____

그다음으로 중요한 과제는?

2 ☐ _____

3 ☐ _____

My time

☐ _____   ☐ _____

Think

☐ _____   ☐ _____

☐ _____   ☐ _____

Input

☐ _____   ☐ _____

☐ _____   ☐ _____

Action

☐ _____   ☐ _____

☐ _____   ☐ _____

☐ _____   ☐ _____

☐ _____   ☐ _____

☐ _____   ☐ _____

✖ 오늘 하지 않아도 되는 과제는?

☐ _____   ☐ _____

✱ Contact List

☐ _____   ☐ _____

☐ _____   ☐ _____

8

9

10

11

12

13

14

15

16

17

18

19

20

21

22

어떤 하루가 되면 좋겠어?

◈

❖

✖

✳

오늘 하루 기대되는 일은?

지금 신경 쓰이는 일은?

이루고 싶은 목표에 다가가기 위해
오늘 할 수 있는 일은?

WORK

MY LIFE

오늘 하루 좋았던 일은?

내일은 어떤 하루를 보내고 싶어?

오늘 하루 느낀 점은?

Memo&Self Question
기분이 어때?

오늘 하루 가장 중요한 과제는?

1 ☐ _____

그다음으로 중요한 과제는?

2 ☐ _____

3 ☐ _____

My time

☐ _____　　☐ _____

Think

☐ _____　　☐ _____

☐ _____　　☐ _____

Input

☐ _____　　☐ _____

☐ _____　　☐ _____

Action

☐ _____　　☐ _____

☐ _____　　☐ _____

☐ _____　　☐ _____

☐ _____　　☐ _____

☐ _____　　☐ _____

✖ 오늘 하지 않아도 되는 과제는?

☐ _____　　☐ _____

∗ Contact List

☐ _____　　☐ _____

☐ _____　　☐ _____

8
9
10
11
12
13
14
15
16
17
18
19
20
21
22

어떤 하루가 되면 좋겠어?

◈

❖

✖

✳

오늘 하루 기대되는 일은?

지금 신경 쓰이는 일은?

이루고 싶은 목표에 다가가기 위해
오늘 할 수 있는 일은?

WORK

MY LIFE

오늘 하루 좋았던 일은?

내일은 어떤 하루를 보내고 싶어?

오늘 하루 느낀 점은?

Memo&Self Question
기분이 어때?

생산성 시트	20 년 월 일 요일

오늘 하루 가장 중요한 과제는?

1 ☐ _____

그다음으로 중요한 과제는?

2 ☐ _____

3 ☐ _____

My time

☐ _____   ☐ _____

Think

☐ _____   ☐ _____

☐ _____   ☐ _____

Input

☐ _____   ☐ _____

☐ _____   ☐ _____

Action

☐ _____   ☐ _____

☐ _____   ☐ _____

☐ _____   ☐ _____

☐ _____   ☐ _____

☐ _____   ☐ _____

✖ 오늘 하지 않아도 되는 과제는?

☐ _____   ☐ _____

∗ Contact List

☐ _____   ☐ _____

☐ _____   ☐ _____

8

9

10

11

12

13

14

15

16

17

18

19

20

21

22

어떤 하루가 되면 좋겠어?

◈

❖

✠

✻

Memo&Self Question

기분이 어때?

오늘 하루 기대되는 일은?

지금 신경 쓰이는 일은?

이루고 싶은 목표에 다가가기 위해
오늘 할 수 있는 일은?

WORK

MY LIFE

오늘 하루 좋았던 일은?

내일은 어떤 하루를 보내고 싶어?

오늘 하루 느낀 점은?

| 생산성 시트 | 20   년   월   일   요일 |

오늘 하루 가장 중요한 과제는?

1 ☐ _____

그다음으로 중요한 과제는?

2 ☐ _____

3 ☐ _____

My time

☐ _____   ☐ _____

Think

☐ _____   ☐ _____

☐ _____   ☐ _____

Input

☐ _____   ☐ _____

☐ _____   ☐ _____

Action

☐ _____   ☐ _____

☐ _____   ☐ _____

☐ _____   ☐ _____

☐ _____   ☐ _____

☐ _____   ☐ _____

✖ 오늘 하지 않아도 되는 과제는?

☐ _____   ☐ _____

∗ Contact List

☐ _____   ☐ _____

☐ _____   ☐ _____

8
9
10
11
12
13
14
15
16
17
18
19
20
21
22

어떤 하루가 되면 좋겠어?

◈

❖

✖

✳

오늘 하루 기대되는 일은?

지금 신경 쓰이는 일은?

이루고 싶은 목표에 다가가기 위해
오늘 할 수 있는 일은?

WORK

MY LIFE

오늘 하루 좋았던 일은?

내일은 어떤 하루를 보내고 싶어?

오늘 하루 느낀 점은?

Memo&Self Question
기분이 어때?

생산성 시트   20   년   월   일   요일

오늘 하루 가장 중요한 과제는?

1 ☐ _____

그다음으로 중요한 과제는?

2 ☐ _____

3 ☐ _____

My time

☐ _____   ☐ _____

Think

☐ _____   ☐ _____

☐ _____   ☐ _____

Input

☐ _____   ☐ _____

☐ _____   ☐ _____

Action

☐ _____   ☐ _____

☐ _____   ☐ _____

☐ _____   ☐ _____

☐ _____   ☐ _____

☐ _____   ☐ _____

✖ 오늘 하지 않아도 되는 과제는?

☐ _____   ☐ _____

* Contact List

☐ _____   ☐ _____

☐ _____   ☐ _____

8

9

10

11

12

13

14

15

16

17

18

19

20

21

22

어떤 하루가 되면 좋겠어?

◈

❖

✠

✳

오늘 하루 기대되는 일은?

지금 신경 쓰이는 일은?

이루고 싶은 목표에 다가가기 위해
오늘 할 수 있는 일은?

WORK

MY LIFE

오늘 하루 좋았던 일은?

내일은 어떤 하루를 보내고 싶어?

오늘 하루 느낀 점은?

Memo&Self Question
기분이 어때?

오늘 하루 가장 중요한 과제는?

1 ☐ _____

그다음으로 중요한 과제는?

2 ☐ _____

3 ☐ _____

My time

☐ _____   ☐ _____

Think

☐ _____   ☐ _____

☐ _____   ☐ _____

Input

☐ _____   ☐ _____

☐ _____   ☐ _____

Action

☐ _____   ☐ _____

☐ _____   ☐ _____

☐ _____   ☐ _____

☐ _____   ☐ _____

☐ _____   ☐ _____

✖ 오늘 하지 않아도 되는 과제는?

☐ _____   ☐ _____

✳ Contact List

☐ _____   ☐ _____

☐ _____   ☐ _____

8
9
10
11
12
13
14
15
16
17
18
19
20
21
22

어떤 하루가 되면 좋겠어?

◈

❖

✤

✱

오늘 하루 기대되는 일은?

지금 신경 쓰이는 일은?

이루고 싶은 목표에 다가가기 위해
오늘 할 수 있는 일은?

WORK

MY LIFE

오늘 하루 좋았던 일은?

내일은 어떤 하루를 보내고 싶어?

오늘 하루 느낀 점은?

Memo&Self Question
기분이 어때?

오늘 하루 가장 중요한 과제는?

1 ☐ _____

그다음으로 중요한 과제는?

2 ☐ _____

3 ☐ _____

My time

☐ _____　　☐ _____

Think

☐ _____　　☐ _____

☐ _____　　☐ _____

Input

☐ _____　　☐ _____

☐ _____　　☐ _____

Action

☐ _____　　☐ _____

☐ _____　　☐ _____

☐ _____　　☐ _____

☐ _____　　☐ _____

☐ _____　　☐ _____

✖ 오늘 하지 않아도 되는 과제는?

☐ _____　　☐ _____

* Contact List

☐ _____　　☐ _____

☐ _____　　☐ _____

8

9

10

11

12

13

14

15

16

17

18

19

20

21

22

어떤 하루가 되면 좋겠어?

◈

❖

✖

✳

오늘 하루 기대되는 일은?

지금 신경 쓰이는 일은?

이루고 싶은 목표에 다가가기 위해
오늘 할 수 있는 일은?

WORK

MY LIFE

오늘 하루 좋았던 일은?

내일은 어떤 하루를 보내고 싶어?

오늘 하루 느낀 점은?

Memo&Self Question
기분이 어때?

오늘 하루 가장 중요한 과제는?

1 □ _____

그다음으로 중요한 과제는?

2 □ _____

3 □ _____

My time

□ _____ □ _____

Think

□ _____ □ _____

□ _____ □ _____

Input

□ _____ □ _____

□ _____ □ _____

Action

□ _____ □ _____

□ _____ □ _____

□ _____ □ _____

□ _____ □ _____

□ _____ □ _____

✖ 오늘 하지 않아도 되는 과제는?

□ _____ □ _____

＊ Contact List

□ _____ □ _____

□ _____ □ _____

8
9
10
11
12
13
14
15
16
17
18
19
20
21
22

어떤 하루가 되면 좋겠어?

◈

❖

✜

✳

오늘 하루 기대되는 일은?

지금 신경 쓰이는 일은?

이루고 싶은 목표에 다가가기 위해
오늘 할 수 있는 일은?

WORK

MY LIFE

오늘 하루 좋았던 일은?

내일은 어떤 하루를 보내고 싶어?

오늘 하루 느낀 점은?

Memo&Self Question
기분이 어때?

오늘 하루 가장 중요한 과제는?

1 □ _____

그다음으로 중요한 과제는?

2 □ _____

3 □ _____

My time

□ _____   □ _____

Think

□ _____   □ _____

□ _____   □ _____

Input

□ _____   □ _____

□ _____   □ _____

Action

□ _____   □ _____

□ _____   □ _____

□ _____   □ _____

□ _____   □ _____

□ _____   □ _____

✖ 오늘 하지 않아도 되는 과제는?

□ _____   □ _____

✱ Contact List

□ _____   □ _____

□ _____   □ _____

8

9

10

11

12

13

14

15

16

17

18

19

20

21

22

어떤 하루가 되면 좋겠어?

◈

❖

✖

✱

Memo&Self Question

기분이 어때?

오늘 하루 기대되는 일은?

지금 신경 쓰이는 일은?

이루고 싶은 목표에 다가가기 위해
오늘 할 수 있는 일은?

WORK

MY LIFE

오늘 하루 좋았던 일은?

내일은 어떤 하루를 보내고 싶어?

오늘 하루 느낀 점은?

내 인생의 주인공은 바로 나입니다

'여러분의 인생이 한 편의 영화라면, 오늘 하루 어떤 장면을 만들고 싶나요?'

이 질문은 자신이 인생의 '주인공'으로 살아가기 위한 질문입니다. 내가 만드는 '오늘'이라는 장면이 일주일, 한 달, 일 년으로 쌓여 인생이라는 영화를 완성합니다.

세상에는 주인공으로 보이는 사람이 많습니다. 자기 분야에서 성공한 사람, 주변을 매료시키는 인기인, 지위와 명예를 손에 넣은 권력자, 그들은 마치 세상의 주인공처럼 살아갑니다.

내 인생의 주인공은 나 자신입니다. 주인공처럼 사는 그들도 여러분의 영화에서는 한낱 엑스트라일 뿐입니다. 제가 이 책에서 가장 전달하고 싶은 메시지는 내 인생의 주인공은 나 자신이고, 나 자신은 대역도 없는 단 하나의 특별한 존재라는 것입니다.

자신의 결단으로 일으킨 행동이 아니면 만족감도 성취감도 얻을 수 없습니다. 타인의 의견이나 지시에 따르기만 하는 인생은 어떤 의미에서는 편할 수도 있습니다. 그러나 타인과 시대에 휩쓸리는 삶의 방식에 안주한다면 나만의 인생을 실감할 수 없을뿐더러 어떠한 성취감도 얻을 수 없습니다. 무엇보다 1분 1초를 주체적으로 의도하며 살아가는 것이 중요합니다.

이 책에서 하루 동안의 행동과 계획을 정하는 데 도움을 주는 다양한 질문을 소개했습니다. 질문 중에는 5초 만에 답이 나오는 것이 있는가 하면, 5분이 걸려도 답을 찾기 힘든 것도 있을 겁니다. 그럴 때는 '답을 찾을 수 없다'가 답이 될 수 있습니다. 답을 내는 것에 연연하지 말고 가벼운 마음으로 꾸준히 질문을 던져 보세요.

아침은 하루의 시작점이자 인생의 출발점이기도 합니다. 아침 1분 동안 질문을 던지는 행동은 인생을 만들어 나가는 첫걸음이 됩니다. 능숙하게 답을 내지 않아도 됩니다. 꾸준히 질문을 던지면 차츰차츰 의식이 변화하여 어느 순간 지금까지와 다른 삶의 방식으로 살아가고 있음을 깨닫게 될 것입니다.

아침을 보내는 방법이 달라지면 인생에도 뚜렷한 변화가 일

에필로그. 내 인생의 주인공은 바로 나입니다

어납니다. '어떤 아침을 보낼 것인가?'라는 물음은 곧 '어떤 인생을 살 것인가?'를 의미합니다. 내일도 보람찬 아침 시간을 보내시기 바랍니다.

이제 마지막 질문입니다.

'이 책을 다 읽은 지금, 이제까지와는 다른 어떤 인생을 걸어나가고 싶나요?'

이 책과의 만남이 여러분 인생에 변화를 불어넣는 계기가 되기를 바랍니다. 마지막으로 이 책이 출판되기까지 도움을 주신 모든 분께 감사드립니다.

가루이자와의 봄 햇살을 느끼며
마쓰다 미히로

《Getting Things Done: The Art of Stress-Free Productivity》, David Allen, Penguin Books.

《Morning Rituals: Increase your Productivity, Success and Happiness with just 30 Minutes per Morning》, Katie Stone, Independently published.

《The 5-Minute Gratitude Journal: Give Thanks, Practice Positivity, Find Joy》, Sophia Godkin PhD, Rockridge Pr.

《The Miracle Morning: The Not-So-Obvious Secret Guaranteed to Transform Your Life》, Hal Elrod, Hal Elrod International, Inc..

《Productivity Planner®》, Intelligent Change.

《자율신경을 리셋하는 햇볕 쬐는 방법(自律神経をリセットする太陽の浴び方)》, 아리타 히데호, 야마토케이코쿠샤.

《브레인멘탈 강화 대전(ブレインメンタル強化大全)》, 가바사와 시온, 생크추어리출판.

《도해 스트레스 해소 대전(図解ストレス解消大全)》, 홋타 슈고, SB크리에이티브.

《오늘부터 나는 최고의 컨디션(最高の体調)》, 스즈키 유, 크로스미디어퍼블리싱.

《스탠퍼드식 최고의 수면(スタンフォード式最高の睡眠)》, 니시노 세이지, 썬마크출판.

《질문이 인생을 바꾼다(質問は人生を変える)》, 마쓰다 미히로, 키즈나출판.

《질문작업술(しつもん仕事術)》, 마쓰다 미히로, 닛케이 BP.

옮긴이 안선주

이화여자대학교 통번역대학원 한일통역과를 졸업했다. 방송, 영화, 금융 등 여러 분야
에서 통·번역을 담당했으며 현재 엔터스코리아 일본어 번역가로 활동 중이다.

주요 역서로는《몸을 상상하라 상상하는 것만으로도 몸이 바로 서는 기적의 10문장》,
《유럽 최후의 대국, 우크라이나의 역사》,《탐닉의 설계자들》,《가볍게 읽는 금융공학》,
《프로그래머 장관 오드리 탕, 내일을 위한 디지털을 말하다》가 있다.

아침 1분으로 만드는
괜찮은 하루
+1분

초판 1쇄 발행 2023년 7월 3일
초판 1쇄 인쇄 2023년 6월 23일

지은이 마쓰다 미히로 | **옮긴이** 안선주 | **펴낸이** 박경준 | **펴낸곳** 미래타임즈
편집 박은영 | **본문디자인** 김보영 | **표지디자인** 공간42 | **홍보** 김선영

주소 경기도 고양시 일산동구 장진천길 22-71
전화 031-975-4353
팩스 031-975-4354
이메일 thanks@miraetimes.com
출판등록 2001년 7월 2일 (제2020-000209호)

ISBN 978-89-6578-190-5(03190)